산골
이야기

심홍섭 지음

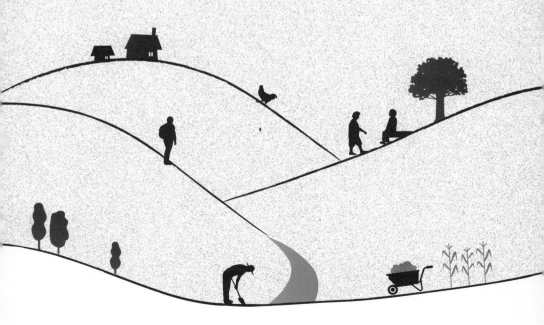

상상창작소 봄

산골 이야기

상상창작소 봄

01

사람 꽃 피는 마을

02

|

산골에서 부르는 노래

03

사람 냄새나는 아름다운 마을들

04

항상 사람이 그리운 곳

나는 산골 마을에서 태어났다. 그렇지만 바다를 꿈꾸었다. 고개를 들어야만 하늘을 볼 수 있는 그 답답함 때문에 항상 바다로 가고 있었다. 하지만 그 망망대해 앞에서 어찌할 수 없었고 오히려 절망적이었다. 할 일을 잃어버린 사람처럼 서성거리다 다시 산속으로 들어오곤 했다. 그러면서도 나의 바다행은 계속됐다.

세월이 흘러 청색의 방황기가 지나면서 나의 발길은 산을 향하고 있었다. 아무것도 보이지 않은 숲만 보았지만, 그 산속에 깃들어 있는 사람들의 모습이 보이기 시작한 것이다.

삶의 터전을 산에 삼고 살아가는 사람들의 삶이란 것이 자연을 거역하지 않는 진솔한 삶의 표본이었다. 산업화 도시화 과정에서 철저하게 소외된 사람들이 바로 산골 사람들이었다. 그리하여 하나, 둘 도회지로 떠나고 빈집엔 거미줄만 가득한 황량한 곳으로 변하고 말았다.

그래도 그들은 춘삼월이 되면 새싹을 틔우는 새순처럼 땅을 파고 거름을 내놓았다. 그렇게 삶을 영위하는 것이다. 그곳에 산이 있는 것처럼 그곳에 나무가 있는 것처럼 그렇게 삶을 살아가는 것이다.

나의 여정은 바로 그들을 따라가는 길이 될 것이다. 자연 속에서 그렇게.

2022. 11

심홍섭

참으로 오지고 흐뭇한 문화자산

황 풍 년
[광주문화재단 대표이사/前 전라도닷컴 발행인]

"심 슨상님 어서 오씨요", "오메 동상 오셨능가", "잉~ 홍서비 왔능가."

마을회관이 금세 수런수런했다. 그를 모르는 동네 어르신은 아무도 없었고, 하나같이 환한 얼굴로 반색을 하시며 기꺼운 인사말을 건넸다. 조상대대로 구성진 들노래를 짱짱하니 내림해온 화순군 춘양면 우봉마을에서다. 청명한 늦가을에 주민들이 호박죽을 함께 쒀 먹고 들노래를 재연하는 행사장이었는데, 그는 어르신들이 열광한다는 트롯가수 못지않은 유명인사였다.

그때는 '유독 우봉마을과 각별한 사이'려니 싶었지만 그게 아니었다. 동복면 솟대마을, 도곡면 도장마을, 능주면 씻김굿 마당에서도 그는 누구든 스스럼없이 어울렸고, 다정스레 이야기꽃을 피웠다. 그는 화순 땅 골골 수많은 할매할배들의 착한 아들이요 손자였다. 아재아짐들의 이무로운 아우요, 동무였다. 할매들 말씀마냥 "보문 볼수록 귄이 짝짝 흐르는 전라도 머시마"였다.

　얼추 이십년을 지켜본 심홍섭은 그러했다. 영락없는 촌사람, 누구라도 좋아할 수밖에 없는 순박한 시골내기, 붙임성 있는 군청 직원이었다.

　그가 진득한 발품을 팔아가며 〈월간 전라도닷컴〉에 '산골마을 이야기'를 10년도 훌쩍 넘겨 이어가고 있다. 이제 지칠 만도 하건만, 끄떡도 하지 않는다. 참 대단한 뚝심을 가진 필자다.

　처음엔 화순군 산골을 돌며 이런저런 사연들을 수집하고 기록하기 시작했다. 그러다 산자락을 되짚고 강물을 거슬러, 그의 발길은 자연스레 전라도 전역으로 한 걸음 한 걸음 파고들었다.

　그가 보내주는 '산골마을 이야기'는 다달이 고향집에서 날아온 반가운 편지마냥 사무치는 그리움을 불러온다. 떠나온 산천, 잊지 못할 사람들과의 아릿한 추억에 빠져들게 한다. 마침내 우리가 잊어서는 안 될, '그럼에도 불구하고' 사라져가는 뭔가를 갈망하고, 스스로를 돌아보게 한다.

　그가 그러모아 자분자분 풀어주는 마을의 내력과 사연일랑 타자의 시선으로 덤덤하게 바라볼 수는 없다. 그 어떤 마을, 누구의 삶이든 어느새 읽는 이의 감정이 이입되면서 고향과 부모형제, 지난한 가족사와 가슴 시린 마을사가 뒤엉켜 새록새록 떠오른다.

　심홍섭의 산골마을 이야기는 이렇듯 동시대를 사는 우리 모두의 소중한 기억을 촘촘하게 복원한다. 이미 바다에 다다른 무수한 강줄기들이 본래 어디에서 흘러왔는지를 돌아보게 한다. 수많은 가지들과 무성한 나뭇잎, 화려한 꽃과 열매들이 저기 땅속 깊은 곳으로 뻗어 내린 뿌리에서 비롯되었음을 일깨운다. 하여 그의 글들은 독자를 유순하게 다독인다. 울컥울컥 치미는 감동에 부르르 떨게 한다.

산골마을 이야기가 마침내 한 권의 책이 되었다. 편편이 소중한 개인의 기억이자 마을사요 세대 전승의 높은 가치를 가진 전라도 지역사다. 참으로 오지고 흐뭇한 문화자산이다.

사시사철 숱한 날들, 바지런히 취재하고 사진을 찍고, 틈틈이 글쓰기에 열정을 바친 심흥섭에게 뜨거운 박수를 보낸다.

금계마을, 가곡마을, 반암마을, 동문안마을, 청림마을, 회룡마을, 기동마을, 장례마을, 왕산마을, 배뫼마을, 신답마을, 용전마을, 매동마을, 봉길마을, 오성마을, 우봉마을, 청룡마을, 야은마을, 천담마을, 월운마을, 용화마을, 구암마을, 송정마을, 광화마을, 월평마을…

한데 모아보니 새삼 놀라운 기록이요 다시없는 '아카이빙'이다. 그의 눈길이 닿았던 마을들이 차례로 호명될 때마다 오만가지 이야기가 서리서리 되살아난다. 올망졸망 집들이 옹기종기 서로 기대어 험악했던 세월을 함께 헤쳐 온 순정한 사람들의 생애가 풀어진다.

앞들과 뒷동산, 실개천 흐르고 돌담 둘러친 고샅, 땀과 눈물로 얼룩진 서러운 생애, 치열했던 노동의 터전, 서로 부대끼며 찐덥진 정을 나눠온 이웃…. 풍경도 사연도 고만고만해 보이지만 기실 고유의 아름다움과 웅숭깊은 문화가 오롯한 마을들이다. 이제 심흥섭의 책 속에 담겨 영원히 지워지지 않는 역사가 됐다.

　'지역이 소멸한다'는 아우성 들려오고, 아이 울음소리 그친지 오래인 마을엔 폐가가 늘어나는 시절이다. 도시로부터 먼 곳일수록 마을이 해체 되는 속도가 빨라진다. 산골들이야 오죽하겠는가. 심홍섭이 살려낸 산골 마을 이야기가 더욱 귀하고 빛나는 까닭이다.

　입가에 엷은 미소를 달고 사는 그는 주름투성이 얼굴들을 우러른다. 거 칠거칠한 손을 덥석 부여잡고 애틋한 마음으로 따순 덕담을 건넨다. 그는 한량없이 풀어헤쳐지는 할매할배들의 말씀을 호기심 가득한 눈동자를 꿈쩍이며 오래오래 들을 줄 아는 천진한 소년이다.

　깊은 산골 어느 집 툇마루에 앉아 서산으로 해가 뉘엿뉘엇 질 때까지 외로운 할매가 들려주는 시근한 인생살이에 귀를 기울이고 있을 심홍섭 에게 존경과 감사를 보낸다.

　눈이 펑펑 내리던 어느 해 겨울날, '산골마을 취재를 다녀오다 눈길에 미끄러져 차를 처박았다'는 후일담에도 나는 수리비 한 푼 보태지 못한 가난한 잡지사 사장이었다. 해묵은 마음의 빚을 영영 갚을 길 없어, 눈 밝 고 맘 따순 독자들이 이 책을 꼭 읽고 널리 멀리 알려주기만을 바라본다.

1부

사람 꽃
피는 마을

우리가 사는 마을

1. '각시바구', '서방바구' 보셨소?
[고흥 금계마을]

15번 옛 국도를 타고 고흥으로 간다. 한가해진 옛 국도를 달리면서 본 산에 들에 산벚꽃과 진달래 피어 봄이 완연하다. 그렇게 길을 달리다가 851번 지방 도로를 타면 어느새 두원면으로 접어든다. 구불구불 가는 길, 환장하게 번지는 저 산과 들에 연둣빛 이파리들로 눈이 아플 지경이다.

고흥군 두원豆原면 용산龍山리 금계金溪마을. 『두원면지』나 『마을유래지』 등 기

금계마을

마을회관에 모여 있는 금계마을 할매들

록에 의하면 1730년경 성주 이씨가 풍양면 한동寒東마을에서 입촌을 했다 한다.

현재는 경주 김씨, 고흥 류씨, 여양 진씨, 금령 김씨, 고령 신씨, 영광 정씨, 여산 송씨, 달성 서씨가 서로를 도와가며 살고 있는 마을이다. 원래 마을 뒷산이 금계포란金鷄抱卵형이라 금계金鷄라고 불렀다 한다. 하지만 1945년 해방된 이후에는 마을 앞을 흐르는 천이 금천金川이므로 쇠금金, 시내계溪를 써서 금계金溪 마을로 불린다.

자식 없는 사람들은 각시바구에 빌어서 효험 보고

현재 16가구에 40명도 되지 않은 작은 마을이지만 뒤로는 산, 앞에는 냇가를 낀 전형적인 배산임수의 마을임을 알겠다. 마을 앞에 있는 넓은 논에 풍성하게 자란 자운영이 발길을 멈추게 한다.

마을회관으로 들어가니 할머니 다섯 분이 10원짜리 민화투를 치고 있다.

마을 자랑을 해 달라니까 대뜸 이구동성으로 '각시바구(바위)', '서방바구' 얘기를 한다. 할머니들이 얘기하는 '각시바구'는 지방 유형문화재인 '용산리 석조보살좌상'을 말한다. 그런데 어느 누구 하나 문화재명으로 말하는 이는 없고 무조건 '각시바구'다.

주민들이 각시바구라고
부르는 석근보살좌상

"아, 각시바구가 애기를 보듬고 걸어간께 오매, 바구가 애기를 보듬고 걸어가네, 헌께 그 자리에 멈춰 서 불었다고 해. 가서 보문 영락없이 애기를 옆구리에 끼고 있는 모양인디, 자석이 없는 사람은 가서 빌기도 헌다고 해."

그래서 효험을 본 사람이 있느냐니까 할머니들이 모두 송남순 할머니를 쳐다본다. 할머니 서른 살 때 할아버지를 대학교 보냈다는데(할머니들은 할아버지가 돌아가신 것을 '대학교 보냈다'고 표현했다) 송남순 할머니가 부끄러운 듯 화투패 든 손으로 얼굴을 가린다.

"에고, 놈들은 애기도 잘 낳쌌는디 결혼해 갖고 8년이 되야도 애기가 안서서 찾아갔제. 사람들이 그래싸, 각시바구가 안고 있는 애기를 보듬으믄 애기를 낳는다고 해서 찾아갔제이. 지금은 어쩔랑가 몰라도 그때는 거그가 겁나게 무서왔어. 해 넘어갈 무렵에 갔는디 무시무시했제이. 가서는 그랬제. 에고, 나도 애 좀 하나 줏시오. 나점 살래(살려) 줏시오. 그랬제. 그래 갖고 딸을 얻었제이."

그렇게 해서 얻은 딸이 잘 커서 지금은 오십이 넘은 나이가 되어 인근 성두리 성두마을에서 잘 살고 있다고 한다.

"또 누가 빌어서 아이를 가진 사람이 있어요?"

"모다들 덜렁덜렁 애를 잘 낳싼디 거글 뭣허러 갈 것이요 나나 된 께 갔지라."

각시바구에 빌어 효험을 봤다는 송남순 할매

집들 들어서 서방 각시가 서로 못 보게 되고

각시바구가 있으면 당연히 '서방바구'가 있을 터.

"소재지(두원면)가 있는 아래뜸에 가믄 택시부가 있는디 거기 가믄 서방바구가 크게 있제이."

1952년 무렵에는 '서방바구'가 있는 곳은 현재의 택시부가 아니고 담뱃집을 하던 진씨 성을 가진 사람이 살았다고 한다.

"그 집 마당에 선바구(서방바구를 일명 '선바구'라고도 부른다)가 있었는디 겁나게 컸제. 지금은 자빠져 갖고 그라제, 겁나게 컸어. 담뱃집 주인 양반이 대보름이믄 촛불 켜고 상 차리고 해서 공을 솔찬히 들였제. 글고는 그 집을 지금 택시부한테 폴고 광주로 나갔는디 그 뒤로 택시부를 짓은다 험서 선바구가 자빠져 불었제. 서방바구를 건들믄 안된다고 예전부터 그랬는디. 나가 거기서 살아서 안디 그전에는 서방바구와 각시바구가 서로 쳐다보고 있었제. 지금은 집이랑 들어서 갖고 서로 보도 못흐긴 해도 말여. 서로 보게 해 줘야 헐 것인디 말여."

원래는 각시바구를 보고 있다는 서방바구(선바구). 지금은 혼자 떨어져 있다.

"하믄, 서방 각시가 서로 얼매나 보고 잡겄어."

각시바구나 서방바구는 행정구역상 두원면 용산리 지북芝北마을 소재지로 되어 있지만, 오히려 금계마을 사람들이 더 잘 알고 있다.

행정구역상만 그렇지 지북마을에서는 멀리 떨어져 있고 더욱이 산자락에 가려져서 각시바구 쪽을 쳐다볼 수 없지만, 금계마을에서는 각시바구가 있는 작은 산이 눈앞에 보인다. 그래서 그런지 집집마다 자식 없어 걱정하는 사람들이 없단다. 그 복을 받은 집은 자식이 12명이나 된 집안도 있다며 처음 들은 사람처럼 혀를 내두른다. 그리고 앞으로도 복을 받을 동네라며 금괴가 어딘가에 숨겨져 있어 동네가 부자동네라는 것이다. 또한, 이 작은 마을에 박사 집안이 네 집안이나 된단다.

"빈집 있어요?"

"왜? 이사 올라고?"

"예, 여기 와서 살면 그냥 박사가 될 것 같아요."

"무신 소리! 뭐 박사가 괜히 되간디! 죽어라 공부흔께 되제."

"글고, 빈집이 없어. 우리 동네같이 복 받은 동네가 없는디 빈집이 있겄어?"

"그렇게 박사가 되고 자프믄(싶으면) 나한테 물어봐. 독립운동 집안인께."

일본 경찰 등살에 밀려
이사왔다는 유성순 할매

유금순 할매가 가져온 찰쑥떡

유일하게 화투를 치지 않은 유성순 할머니가 집으로 가잔다. 독립운동했던 시아버지 사진을 보여주겠단다. 할머니 시아버지인 고 진부두 할아버지는 원래 완도군 금당도에서 독립운동을 하다가 일본 경찰 등살에 못살고 금계마을로 이사 와서 터를 잡았다고 한다.

할머니 집으로 가려고 막 일어서려 하는데 찰쑥떡을 쟁반 가득 들고 유금순 할머니가 들어온다. 다시 일어서지도 못하고 아직도 따뜻한 기운이 남아 있는 찰쑥떡을 얻어먹는다. 찰쑥떡을 먹던 할머니가 느닷없이 "애들이 몇이

요?" 묻는다. 여식이 둘이라 하니 "아들 낳아야겠구만" 한다.

"딸 둘로 만족합니다."

"무신 쓰잘데기 없는 소리여? 앞으로도 더 낳아야제. 아들 낳야 되겠어! 면에서 회의가 있어 갖고 갔등마는 애기들이 없어서 학교가 문 닫겼담서 늙은 우리덜 한티도 애기를 낳아라 헌디, 젊은이가 안 나문 되간디! 우리 동네에 애기들이 한나도 없어, 영감들 대학교 보낸 망구들만 요렇게 모여 있는디, 이래 갖고 되겄냐고."

금계마을 입구

2. "가시리 부자 동네라고 해"
[곡성 가곡마을]

곡성 가곡마을에는 제법 큰 마을회관이 있다. '가곡리 노인당', '가곡리 부녀
회'라는 커다란 간판이 2개 붙어 있고 들어가는 입구도 따로 있다. 노인당 문을
여니 아무도 없어서 부녀회 쪽으로 들어가니 아주머니 네 분이 방 안에 있다.

"옛날 맹키로 당산제나 장승제는 지내야 허는디"

"남자분들은 어디 가고 아주머니들만 있어요?"

"오늘 출상인디 모다 거기 갔는갑소잉."

"아, 오다 보니 사람들이 산일을 하고 있더니만 동네에서 출상이 있었군요.
마을회관이 남자 방, 여자 방 확실하게 구분이 되어 있네요."

"하믄, 남녀가 유별헌게. 아, 글고 항꾸네 있어봤자 재미도 통 없어. 아무 쓸
짝 없어. 하하"

"마을 앞에 장승이 있던데…"

"장승 때문에 난리가 났제. 아, 동네 길을 확장홀 때 장승을 옮길라고 헌디
장승이 솔찬히 깊게 백혀 있는 거라, 긍께 포크레인 기사가 딱 장승을 분질러
부렀어. 그래갖고, 난리굿이 안 났는가. 동네사람들이 모두 들고 일어나갖고,
그 포크레인 기사를 죽인다 살린다 했제. 군청 담당직원 목을 띠뿐다 붙인다
한바탕 난리가 났제."

"그래서 어떻게 됐어요?"

"아, 어떻게 되긴 뭘 어떻게 돼. 옛날 맹키로 맹그러 놔야제. 감쪽같이 붙여놨

마을 입구 장승

어. 그 장승이 영험이 있는 것이거든. 아, 도둑놈이 들어와서는 물건을 훔쳐 갖고 마을을 나갈라고 했는디 장승이 터억 버티고 못 나가게 해서 잡혔다잖여?"

"옛날 맹키로 당산제나 장승제는 지내야 허는디 말여."

"끊겨져 분 것을 누가 다시 지낼 꺼여. 매구 칠 사람도 없는디."

"아, 왜 없어, 서대양반도 칠지 알고, 저기 길수양반도 칠지 알 것인디?"

"맞어, 길수양반이 한번 매구를 잡으믄 참말로 신명이 났는디 말여."

"그 양반 대단했제. 넘 동네에서 길수양반 매구치는 거 볼라고도 왔잖여."

"오층탑 간판이라도 좀 세워주씨요"

그것은 절대로 취재하지 말라는 '쩜당 10원짜리' 민화투판을 들여다보고 있노라니 산판에서 돌아온 마을 어르신들로 노인당이 시끌벅적하다.

"어르신, 동네 자랑 좀 해 줘요."

"우리 동네? 자랑할 것이 한두 가지가 아니여. 오산면에서는 우리 동네가 제일 커. 원래는 150호 정도 되았는디, 지금은 많이 나가 부렀다고 해도 80여 호가 살아. 그래도 우리 동네 같이 큰 디가 없제, 암."

"초등학교 댕기는 학생이 젤로 많다고 면장도 얘기허드만. 영진아, 느그 애기들도 학교 댕기제?"

"폴세 당기제라, 벌써 5학년인디요."

"젊은 사람들이 많이 사나 봐요."

"다른 동네에 비해 많제."

회관에 모여 화투치는 할매들

"주로 무엇을 하고 사나요?"

"동네 들어오다가 비닐하우스 많이 봤제? 그거이 다 버섯이여. 느타리도 허고 표고도 허는디, 재만이는 벌써 천만 원인가 했다고 글제?"

"천만 원이나 했어? 야, 그놈 부자 되었네, 부자 되었어."

"동네가 의외로 골이 깊네요."

"뒷산이 뒷골이고, 저 옆 산이 오봉산이어. 그 산 넘어가 관음사라는 절이 있어. 그 절로 갈라믄 고개를 넘어갔는디 지금은 완전히 묵었어. 인자 길 없을 것이여. 우리 동네가 솔찬히 깊이 있는 마을이제."

"우리 동네 사람들은 가시리라고 불러. 도끼자루 같이 골짜기가 길다고 해서 그렇다고도 허드만."

"마을 성받이가 어떻게 돼요?"

"성받이? 우리 마을은 거개가 밀양 박씨여. 옥과장터에서 밀양 박씨라고 허믄 그냥 외상도 해 줘. 외상헌다고 허믄 가시리 박씨요? 허고 물어보제. 그러믄 무조건 외상이여."

"회관 앞에 보니까 당산나무도 제법 크던데 당산제도 모시나요?"

"당산제? 에이, 그거 안 흔지 오래 되앗어. 제관 흘 사람이 없은께 못 지내제. 제관 흘라믄 넘 까다로와서 어디 흐것든가. 험헌 것도 못 보제, 험헌 디도 못가제, 험흔 생각도 못 흐제, 아, 부정탄다고 화장실 갔다 와서도 목욕을 해야 허는디, 어디 그거 힘들어서 허겄든가?"

"아, 그래도 서원양반은 그렇게 공을 드리더니만 자석들이 다 안 잘 되았소. 큰아들은 공장 사장이제, 둘째는 한전 과장이제, 셋째는 회계사 흐제, 넷째는 공무원 흐제. 아, 이만흐믄 안 잘 되았소?"

가곡마을 입구 양쪽으로 장승이 서 있다.

"그라제. 공 들이믄 머든지 잘 되는 법이제. 그나저나 아쉬워. 우리 동네 당
산제는 다른 동네 당산제하곤 달랐는디…"

"맞어, 우리 동네는 장승제까장 항꾸네 지냈응께."

"장승한테도 제를 지내나 봐요?"

"그랬제, 이래 뵈도 저른 장승은 다른 디는 없다 글대? 근디 우리 마을 뒤에
있는 탑 알지라?"

"예, 오층탑 말이죠?"

"그 탑이 보물인디, 어뚷게 간판이라도 좀 세워주게 해줏시요이."

"맞어. 아, 사람들이 그 탑 본다고 수도 없이 찾아오는디. 아 간판이 없응께
사람들이 엉뚱헌디로 가서는 탑이 어딨냐고 물어보네. 그 탑 볼라고 경상도에
서 사람들이 많이도 왔쌌데이. 그것도 관광버스를 들이대고 와. 그거이 대단
한 것인개비여."

"밭 갈다 보믄 기왓조각이 수도 없이 나와"

"지금은 탑만 있는데 혹시 절이 있었던 것을 보신 분은 계신가요?"

"나가 올해로 여든 아홉인디 절은 없었어. 어른들 얘기로만 전해 들었제이. 근디, 있긴 있었는갑서. 아, 거기가 웃머실인디, 불당골이라고도 부르잖어. 긍 거 봉께 더 안코랑이에 암자 같은 것이 있었는갑서, 보믄 작은 건물이 앉았을 만흔 밭이 안 있은가."

"맞어. 밭 갈다 보믄 기왓조각이 수도 없이 나와. 거그다 절을 다시 지으믄 어뜰까. 그라믄 사람도 많이 올 것인디."

"절은 짓도 못해. 아, 거기 땅 주인이 누군디."

"땅 주인이 누군데요?"

"고려 신씨들 것이여."

"고려 신씨요? 아, 고려 개국공신인 신숭겸 후손 땅인가 보군요?"

"맞어. 나도 얘길 들었는디. 곡성에서 그 사람들 땅을 안 밟는 사람이 없어."

"그럴 만도 할 거예요. 후백제군한테 포위된 왕건을 구하고 대신 죽은 인물이거든요. 그래서 왕건이 일등공신으로 봉하고 많은 토지를 그때 하사했을 겁니다."

"그라고 공이 큰께 그라고 넓은 땅을 나라에서 줬것제."

"탑이 있는 불당골 말고 또 뭐라고 했지요?"

"웃머실, 도동굴이라고 허제. 요 앞산을 오지봉산이라 허고, 마을 앞을 집앞이들, 정지밑에들, 매금뜰, 선암제뜰, 이지게라고 혔제."

"들판 이름이 그렇게 많은 걸 보니 마을 앞 들판이 꽤나 넓나 봐요?"

"하, 넓제. 오산면에서도 제일 넓을 것이여. 그래서 우리 마을을 인동 사람

가곡마을 회관에서 만난 주민들

들은 가시리 부자동네라고 해."

"그런데, 어르신 저 러닝머신은 누가 기증했나 봐요?"

"군에서 사줬어. 동네 사람들 운동해라고. 아, 이런 촌구석에서 누가 운동부족이라고 저런 걸 사준가 몰라, 참. 돈도 쌔뿌렀어."

"아, 너무 그러덜 말어, 우리들 오래 살라고 사 준 건디."

"저런 거 사줄 돈 있으믄, 막걸리나 사 줄 일이제."

"아, 누가 요새 막걸리 묵는다고 그랴! 어이, 그 사진기로 우리 사진이나 박아 줄랑가?"

"그러지요. 자, 이리 모여 보세요."

"대문짝만허게 내줘 봐. 알겄제?"

"오늘 초상났나요? 좀, 웃어들 보세요."

"저 양반 솔찬히 웃기네, 오늘 초상 난 거 어떻게 알았어?"

3. "여긴 또 다른 세상이여"
[고창 반암마을]

서해로 갈 요량이었다. 바다를 보면 후련할 것 같아서였다. 그런데 고창군 아산雅山면 반암盤岩리를 지나다 오른쪽에 보이는 우뚝 솟아오른 바위를 보고 마음을 바꿨다.

반암마을로 들어서는데 마을 앞으로 제법 큰 강이 지난다. 주진천(인천강仁川江)인데 마을 사람들은 '용산천'이라고 부른다. 장맛비로 인해 흙탕물이 내려가고 저 강물은 서해로 흘러 들어가겠다.

마을로 들어가니, 마치 반듯반듯 구획정리된 것처럼 골목마다 포장이 되어

병바위, 전좌바위와 그 옆으로 흘러가는 주진천이 한눈에 들어온다.

전좌바위와 두암초당

전좌바위와 아산초등학교가 함께 어우러져 있다.

있었다. 시골답지 않다는 생각이 드는데, 할머니 한 분이 양산을 쓰고 회관 쪽
으로 걸어온다. 안옥자 할머니는 외지에서 살다가 4년 전 마을에 들어와 살고
있다고 한다.

"우리 동네는 돌 지난 꼬맹이부터 89세 자신 어르신까지 세대별로 고루 있
어요. 20가구에 40여 명도 안 살지만 말이요. 현재 마을에 계신 분들이 모두
다 가방끈이 긴 사람들이요. 거즘 대학교를 나온 사람들이요."

마을에는 초등학교도 있다. 면 소재지에나 남아있을 법한 초등학교가 작은
마을에 있는 것이다. 1933년에 반암, 호암, 탑정, 부정, 용계, 운곡, 구암 등 인
근 7개 마을 대표들이 모여 초계 변씨 문중에서 일부 땅을 희사하자 이곳에
학교를 세웠다고 한다. 이 터는 천 명의 사람들이 한자리에 모여 식사를 할 자

전좌바위 구멍축에 있는 두암초당이 한몸처럼 보인다.

리라고 전해지는 명당이라고 예로부터 알려졌던 것이다. 77년이 지나 현재는
전체 학생 19명의 작은 학교가 되었지만, 아이들의 글 읽는 소리는 여전하다.

반암 8경의 1경이라 할 만한 바위 벼랑 사이 두암초당

마을과 학교 뒤에 바위산이 있다. 마을 사람들이 '소반바우'라고 부르는 이
바위는 보는 사람들의 시선을 사로잡는다. 직각으로 깎아지른 소반바우를 한
자로 옮겨 쓰는 과정에서 '반암'이 된 것이다. 전설에 따르면, 마을에 결혼식이
있던 날 신선이 말을 타고 선인봉仙人峰에 내려왔다. 신선은 옥녀의 거문고 소
리와 술맛에 취하여 등잔을 밝히면서까지 술을 마시다가 결국 그 자리에 쓰

전좌바위에서 내려다본 영모마을

러졌다. 쓰러지면서 술상을 발로 차버렸는데 그 자리가 바로 '선인취와혈仙人醉臥穴' 이라고 한다. 신선의 발에 차인 술병은 주진천 주변에 거꾸로 박혀 병바위, 일명 '호암壺岩'이 되었고, 술상은 굴러 소반바위가 되었으며, 거문고 받침대는 탄금대가 되었다고 한다. 그래서 마을은 전설대로 선인취와혈의 명당자리에 있다는 것이다.

영모마을 뒤에 있는 전좌암도 압도적이다. 특히 바위에 세운 두암초당斗嚴草堂은 가히 일품이다. 반암 8경의 일경이라더니 틀린 말이 아닌 듯하다. 멀리서 보니 두암초당은 한 마리 새처럼 가볍게 전좌암 바위에 서 있다. 두암초당斗嚴草堂은 초계 변씨 집안인 호암壺嚴 변성온과 인천仁川 변성진 형제가 만년에 머물렀던 곳이다. 고을 사람들이 창건하였다가 현재 두암초당은 1954년에 후손에 의해 건립되었다.

얼굴에 땀이 비 오듯 흘리며 산을 타고 두암초당에 올랐다. 마을을 내려다보니 마을은 물론이고 인천강과 넓은 들녘이 시원스럽게 펼쳐져 있으며 그 아래 천길 절벽이 아찔하다. 두 형제가 하서 김인후의 문하라더니 하서 선생의 시액도 걸려 있다. 호암과 인천 형제의 삶이 평소 곡식을 되는 말斗같이, 평평한 저울 추錘같이 어느 곳으로도 치우치지 않았다고 하여 '두암斗巖'이란 당호를 붙였다. '두암초당'의 편액은 화순 사람인 염재念齋 송태회가 썼다. 염재는 1918년 고창에 오산고보吾山高普를 설립하고 학생운동의 본거지로 만든 인물이다.

두암초당을 나와 전좌암 바위에 유격훈련 하듯 줄 타고 오르니 또 다른 세상이 펼쳐졌다. 멀리 서해안으로 흘러가는 인천강과 강변에 위치한 영모마을이 평화롭기만 하다. 마을에 있는 아산초등학교의 운동장과 나무 그늘에서 놀고 있는 사람들의 웃음이 이곳까지 들린다. 반암 8경이 한눈에 내려다보인다. 제1경이 두암초당斗巖草堂이요. 2경은 반암고송盤岩古松이요, 3경은 인천백학仁川白鶴(인천강을 날아가는 하얀 학들)이며 4경은 덕산명월德山明月(차일봉에 떠오른 맑은 달)이요, 5경은 정지관어亭池觀漁(정지정亭池亭에서 고기 구경하기)이요, 6경은 사촌비연沙村飛鳶(인천강 모래사장을 날아가는 솔개들)이요, 7경은 조평숙운朝坪宿雲(인천강가 평야를 덮는 구름)이요, 8경은 수암명종水庵鳴鐘(수암사에서 들려오는 종소리)이라.

신선이 마셨다는 술병 '병바위'의 압도적 위용

더 이상 세상을 내려다보지 못하고 전좌암 바위를 내려와 신선이 먹다가 버렸다는 병바위로 향했다. 그곳으로 가는 호젓한 산길은 제법 운치가 있다. 나무들 사이로 불어오는 시원한 바람을 느끼며 초록 산길을 걷는데 소나무 사이로 시야를 막는 엄청난 크기의 바위가 보인다. 할머니는 천천히 보면 이승만 전 대통령 모습일 거라고 말했지만 필자는 아무리 봐도 잘 모르겠다.

신선이 마셨다는 술병이니 이만큼은 커야겠지. 그 크기에 놀라며 원반암으로 가기 위해 영모마을을 돌아가는데 큰 당산나무를 비롯해 마을 숲이 제법 있다. 마명뜰을 안고 주산에 살던 4가구 중 현재는 2가구밖에 없는 이곳은 원래 마을 앞 용산천이 현재 당산나무 앞으로 흘러갔단다. 그래서 마을을 보호하기 위해 마을 앞에 나무를 심었고 그중 당산나무는 마을의 중심 나무가 되었다는

숲길을 걷다보면 병바위가 불쑥 나타난다.

것이다. 그러다 마명뜰을 경지정리하면서 물길을 돌려 지금처럼 용산천이 마을에서 멀어진 것이다.

지금도 작은 도랑이 있어 생육이 왕성한지 당산나무는 짙푸르다. 당산나무 아래 호젓하니 정자가 눈에 띈다. 호암에 산다는 유재갑 할아버지는 운동 삼아 나왔다가 정자에서 쉬고 있다.

"마명뜰에 열 마지기 농사가 있었는디 작년부텀 동네 이장한테 넘겨줘 불었어. 경운기를 몰고 바람재를 넘어오는디 무섭드라고. 힘이 부친게 겁나드랑게. 그래서 넘겨줘 붓써."

양철지붕을 인 아담한 정자는 개성 없이 획일화된 정자 같지 않다. 상량문

마을입구 당산나무와 정자에서 쉬고 있는 주민들

을 보니 1987년 8월13일 세운 '심량정尋凉亭'이다.

"그땐 4가구 살았는디 이동고, 오병렬, 김영래, 글로 나, 요롷게 넷이서 맹글 었어. 저그 옥녀봉에서 나무를 잘라다가 우리끼리 세웠지. 저 상량을 쓴 사람 이 내 친동생인디 병렬이라고, 서당을 댕기믄서 글을 좀 했지. 이동고, 오병렬 이는 고인이 되얏고, 나하고 김영래만 남았어."

"나가 죽으문 누가 흘 것이요. 나가 옆에 산 게 한 번씩 들다보지만 누가 있 어야 관리를 허제. 큰일이요."

금암사에 모셔진 도암 오희길 선생의 12대손인 오송렬 할아버지. 당산나무 마을 숲을 앞마당처럼 쓰시는 오송렬 할아버지가 정자 안으로 올라오면서 담 배를 문다.

유재갑 할배와 오송렬 할배 "여가 우리 놀이터여"

"돈 한 푼도 안 들었어. 그냥 나무만 잘라다 지셨는디 뭘. 바닥만 뭘로 고쳤
으문 좋겄어. 사람들이 여기가 폐촌인 줄 아는디 아직도 두 가구가 살고 있어.
원래도 네 가구뿐이었지만 이래 봬도 부자 동네였어. 여기서 닥종이가 엄청
나갔지. 없어서 못 폴았응게. 저 바구가 닥종이를 맹들던 닥독이여. 거기다 닥
나무 껍질을 벗겨선 내리치는 거여. 여기가 공장이었응게. 동생이 종이 맹그는
공장을 했는디 여기서 엄청 나갔어."

마을 입구에 금암사琴嚴祠라는 안내판이 보인다. 여쭤보니 도암韜庵 오희길
선생을 모시는 사당이란다. 오희길이라면 전주 경기 전 참봉으로 있으면서 임
진왜란 때 전주사고에 있던 태조어진, 『조선왕조실록』 등을 안의, 손홍록과
함께 내장산 용굴암으로 옮겨 지켜냈던 인물 아닌가.

도암 오희길 선생을 모시는 금암사 전경

"문답 논도 그냥 부치면서 들어와 살라고 해도 들어 올 사람이 없어. 관리랄 것이 뭐 있겠소만 그래도 여간 힘들어."

금암사 앞에 관리동이 좋게 있지만 텅 비어 있는 모습을 보고 도암 오희길의 12대손인 오송렬 할아버지는 애가 탄다.

"나가 죽으문 누가 흘 것이요. 그래도 나가 옆에 산 게 한 번씩 들다보지만 누가 있어야 관리를 허제. 큰일이요. 큰일."

금암사 앞에서 사진을 찍으니 주소까지 적어주면서 그 사진은 꼭 보내달란다. 오송렬 할아버지와 헤어지고 호암에 사신다는 유재갑 할아버지를 모시고 바람재를 올랐다. 평생 농사꾼으로 살면서 이 고개를 넘었을 할아버지가 지팡이 짚고 운동 삼아 고개를 넘는다. 높지도 않은 야트막한 고갯길을 경운기 몰고 내려가다가 겁이 났다는 바람재를 함께 넘었다. 그 고개를 넘으니 또 다른 세상이 펼쳐져 있었다.

반암마을 풍경

4. 고요하지만 선명히 들리는
[강진 동문안마을]

김영렬 화백의 그림

김영렬 화백의 자화상

강진아트센터에서 전시회가 있었다. 강진의 정서를 담아낸 그림을 그리는 서양화가 고 김영렬 화백 유작전. 낯익은 강진의 산야를 우직하게 그려낸 작품들이 걸려있었다. 감성을 적시는 그림들이 마음을 뒤흔들어 놓아 김영렬이 태어난 강진읍의 마을을 가기로 했다.

김영렬 화백이 태어나고 자란 마을은 강진읍의 주산인 보은산 자락 서쪽에 자리 잡고 있다. 탑동과 동문안이다. 마을 사람 중에는 절골이라고 하는 사람도 있다. 그리고 강진성 동문 안에 있는 마을이라 '동문안'이라고도 불렀다. 영랑 생가가 탑동에 있는데 탑동의 옛 모습을 찾는다는 것은 거의 불가능하다. 별장 같은 집들이 보은산 자락에 들어앉아 멀리 강진만을 바라보고 있다. 영랑 생가 앞은 지금 공사 중이다. 시문학관을 짓는다고 큰 공사판을 벌였는데 지방의 작은 읍에서 벌어지는 사업치곤 으리으리하다.

금서당, 반은 한옥이고 반은 양옥인 특이한 건물이다.

강진 신교육 요람지 관서재인 금서당

영랑생가 뒤에 금서당琴書堂으로 올라가는 길이 있다. 예전 영랑생가는 돌담이었는데 지금은 없어졌다. 가을 햇살을 받으며 싸묵싸묵 가다 보면 너른 마당의 금서당이 보인다. 금서당은 강진 신교육의 발상지면서 강진초등학교의 전신이다. 1905년 사립 금릉학교로 문을 열었다. 강진의 교육역사가 시작된 것이다. 또한 200여 명의 전교생이 1919년 4월 4일 독립만세를 이곳에서 외쳤던 역사적인 현장이기도 하다. 바로 아래에 살았던 영랑도 이곳 금서당 출신이다. 그는 6살 때부터 금서당에서 공부를 시작했고 1909년 4년제인 강진공립보통학교를 졸업하게 된다.

금서당은 완향玩香 김영렬金英烈 화백이 평생 그림을 그리던 곳이다. 1950년대

금서당 안의 완향찻집

완향찻집 주인 박영숙 할매

이후 전 주인이 가난하여 나무 두 칸을 뜯어 팔아버린 반쪽 금서당을 매입하여 현재의 집으로 가꾸고 만들었다. 김영렬 화백은 어머니에게 집을 장만해 드리고 싶었지만, 무척 가난했다. 강진읍 목리에 사는 노부부의 초상화를 60호로 그려주고 거금 돈 한 마지기 값을 받아 그 돈으로 집을 장만했다고 한다. 5칸 중 2칸은 이미 헐리고 없었지만, 새로 집을 짓지 않고 그대로 살려 벽돌조의 건물을 이어 붙였다. 일본사람들이 불렀던 '관서재官書齋'란 건물 이름은 잘못된 것이라고 지적하고 여러 자료를 통하여 학문을 하려거든 거문고처럼 하라는 의미로 '금서당琴書堂'이라는 본래의 이름을 찾아 불렀다.

집을 가만 보면 금서당 양쪽이 전혀 다른 모습인데 묘하게 어울린다. 원래의 본채 지붕은 기와지붕이고 반쪽 지붕은 슬레이트 지붕이다. 또 본채의 몸채는 목조 양식이지만, 반쪽은 붉은 벽돌조이다. 현재는 완향 선생의 미망인인 박영숙씨가 차를 내면서 거주하고 있다.

금서당 내부에는 김영렬 화백의 흔적이 가득하다.

'영랑과 다산의 예던 길'

금서당 마당에 앉아 멀리 강진만을 바라보며 영랑의 시 한 수 읊조린다. 그리고 사의재로 이어지는 마을 골목길 '영랑과 다산의 예던 길'을 따라간다. 한들한들 마을길을 걷는다. 탑동과 동문안으로 이어지는 사의재 길은 참으로 좋다. 이 가을과 어찌도 이리 잘 어울리는지. 간혹 등산복 입은 주민들이 보은산 쪽으로 올라가는 것을 보니 시간이 멈춘 것 같다. 큰 동백 아래에서는 주민들이 동백씨 줍느라 여념이 없고 객에게는 눈길도 주지 않는다. 길목마다 서 있는 영랑과 다산의 시를 읽어본다. 그렇게 동문안으로 접어들어 깨밭 길을 통과하니 백일홍이 핀 골목길이 훤하다.

숲속에 있는 적산가옥에는 일제 강점기 때 일본인 순사가 살았다. 워낙 외

영랑과 다산이 걸었다던 예던길

진 곳이라 사람 발길이 뜸한 곳인데 군에서 '예던 길'로 지정한 후로 사람 발길 분주하다. 그러나 필자는 한 사람도 만나지 못했고 오직 나만의 길로 거닐 수 있었다. 강진 젊은 부부가 산다는 적산가옥은 대문도 없고 개만 짖는다. 오래된 돌계단을 오르려다 순간 멈칫한다. 계단에 핀 꽃 한 송이 때문이다. 많은 이가 거쳐 갔을 이곳에 핀 작은 들꽃이 그동안의 발자취를 보여주는 듯하다.

다시 담쟁이 넝쿨이 우거진 골목길을 나와 작고 오래된 집에 들어서니 아주머니가 마당에서 도라지를 다듬다 문을 열어준다. 집 앞을 막고 서 있는 5층 높이의 다세대 주택이 집을 누르고 있는 것 같아 답답하지만 할머니는 정작 태평하다.

"어쩔 것이요. 지그 땅에 집을 짓는단디. 내 땅도 아닌디 나도 머라 흐 것소. 못 짓게 흔다고 안 지을 것도 아니고. 그냥 그러고 사요. 암시랑토 안으요. 난."

광주가 고향인 할머니는 서른 살 때 결혼해서 남편 따라 강진으로 내

욕심없이 고요하게 사는 할매

려왔다. 지금껏 딸 둘, 아들 하나 끼우면서 욕심 없이 잘 살았다. 지금은 모두 출가시키고 이렇게 고요하게 살고 있다.

"요 윗집 할매도 복지관에 가서 춤도 배우고 노래도 부르고 헌다헙니다만 난 그런디 취미가 없어라. 소질이 없응께 그런디는 안가요. 요렇게 집에서 일도 흐고 밭에 가서 일 흐고 사요. 난 그게 재미지요."

마당에 널어놓은 콩이랑 삐져놓은 토란대가 가을 햇살 받으며 말려지고 고

영랑과 6촌 남매지간인
시인 김숙자 선생님

시인 김숙자 선생님 집으로 정갈한 느낌이 든다.

양이는 그 옆에서 졸고 닭이 앞에서 물 한 모금 입에 물고 고개를 몇 번 드는 한가한 가을 오후다.

입춘대길의 춘분방이 낡아 떨어지는 대문이 있어 집안으로 들어서니 제법 큰 한옥이다. 마당 가득 핀 꽃들이 가을을 맞고 있다. 영랑 김윤식과는 6촌 남매지간이면서 시인이던 김숙자 선생님이 기거하시는 집이다. 집안 곳곳에 목재로 된 창문과 방문, 마루 등은 선생의 시 같은 삶과 같아 보인다. 마치 고목 같다. 평생 강진을 떠나지 않고 강진과 사람들을 노래한 선생은 당신 집으로 들어온 누구 한 사람 그냥 보내는 법이 없다며 음료수 한 병과 바나나 한쪽을 내놓는다. 선생이 기거하는 작은 방구석에 세워져 있는 기타는 당신의 젊은 시절을 아름답게 얘기한다. 강진읍 탑동과 동문안길을 오가는 사람들은 아름답게 울려 퍼지는 이 기타 소리 들을지어다.

해가 저문다. 강진읍 뒤편 탑동과 동문안을 안고 있는 보은산 너머로 해가 넘어간다.

마을마다 꽃은 피고 지고

1. 굽이치는 영산강과 푸른 숲을 두르고
[나주 청림마을]

태풍이 지나간 다음 날, 나주 다
시면 소재지를 지나 영산강 방향으
로 차를 몰았다. 태풍 끝자락이어
서인지 바람이 제법 부는데 강바람
이 섞이니 제법 시원하다.

그렇게 한참을 달려 다시면 끝까
지 가니 동당리가 나오고 영산강과

청림마을 표지석

함께 넓은 들판이 보인다. 태풍에 불어난 영산강변 석관정에서 보니 청림산
자락에 마을이 보인다. 짙은 수풀 속에 가려져 있는 청림마을이다.

나주 다시면 동당東堂리 청림靑林마을. 마을이 잘 보이지 않을 정도로 주위에
나무가 많다 하여 청림靑林이라 하였다고 한다. 정말 1789년《호구총수》를 보
니 나주목 관할 죽포면의 '청림촌靑林村'으로 기록되어 있다.

그러다 1912년《지방행정구역명칭일람》에는 '화정리化丁里'로 나타나고 1914
년 읍면동의 통폐합에 따라 죽포면에서 다시면 소속으로 바뀌면서 동당리에
편입되어 현재처럼 '청림'으로 된 것이다.

마을 앞 흰모랑지에 황시리젓배 닿던

그런데 할머니 한 분은 마을 이름을 '꽃쟁이花丁'라고도 했다고 기억하고 있었다. 원래 청림이던 마을이 화정리로 변경된 것은 영산강 물줄기가 갈고리처럼 굽이굽이 돌아간다고 해서 화정리라 하다가 동네 사람들은 편하게 꽃쟁이라고 부르게 된 것 같다.

영산강 하굿둑을 막기 전에는 마을 앞까지 바닷물이 올라왔고 일제강점기까지만 해도 마을 앞 흰모랑지(주민들은 백두평이라고도 부른다)에는 황시리젓 배가 닿기도 했다고 한다.

1980년대에 마을 앞 영산강 줄기를 반듯하게 만들면서 마을 앞에 인공호수가 생겼고(주민들은 여기를 소뿔처럼 생겼다고 해서 우각호라고 불렀다), 이를 매립하여 논으로 만들어 농사를 지었다(지금은 청림들이라고 했다).

마을 뒤 청림산에서 남서쪽으로 뻗어내린 깃모봉이 송이들 모퉁이로 내려와 마을을 안듯이 자리하고 바로 앞에 고막원천이 굽이돌면서 영산강으로 흘

러간다. 고막원천부터는 함평군 학교면 땅이다. 마을 앞 동쪽 영산강 건너편은 수학산으로 공산면 땅이다. 어떻든 청림마을은 영산강과 함께 하는 강변마을이다.

마을 앞 넓은 들판은 마을 주민의 목숨줄이었다.

"지금이야 사람이 없어서 농사도 잘 안지서. 누가 있가니. 인자는 파이여."

마을 앞 우산각을 지나던 할배는 마을 앞 넓은 벌판을 바라보며 회한에 젖는다.

"옛날에는 나주 들소리 흐면 우리 동네였제. 1974년에 전남 대표로 전국대회에 나가서 상도 받았던 마을이여. 인자는 못해. 다 잊어뿌렀제. 글고 들소리 흐던 사람들이 다 죽어뿌러갖고 인제 부를 사람도 없어. 학봉 어르신이 최고였제. 얼매나 소리를 잘 흐든지, 진짜로 그 양반 소리를 듣고 있으믄 흥이 절로 났어. 인자는 사람들이 농사를 안지서. 다 내놔부렀어. 긍께 들소리 흘 일도 없어."

"옛날에야 사람들이 많은께 같이 울력도 흐고 품앗이도 흐고 살았지만 이
자 못해. 사람이 있어야제. 맨 노인들뿐이여. 엊그제도 한 사람이 갔어. 인자
우리들도 가고 나믄 동네도 없어질 것이여."

들소리 한 대목이라도 듣고 싶었는데 아쉽기만 하다. 들판은 푸르기만 한데
사람들은 간데없다.

그 유명한 '나주샛골나이' 마을

마을 안쪽으로 들어가니 나주샛골나이 안내판이 보인다. 가정집에 샛골나
이 전수관이 있다. 그냥 지나칠 뻔했다. 몇 차례 인기척을 내니 안에서 사람이
나온다. 샛골나이 기능을 전수받은 분의 남편이다. 전수자는 외출 중이라고
했다. 조용히 전수관을 둘러본다. 국내에서 전통 무명베의 맥을 잇고 있는 동
당리의 '샛골나이'는 원래 다시 초동 샛골에서 생산되는 무명베와 그 무명베
를 생산하는 사람을 함께 일컫는 말이다.

처음에는 고故 김만애 할머니가 1969년 7월 4일 중요무형문화재 제28호 나

우산각 앞 넓은 벌판 너머로 영산강이 흘러간다.

고 김만애 할매, 고 노진남 할매 중요무형문화재 나주의 샛골나이 보유자인정서

주샛골나이 기능보유자로 인정을 받았으며 1990년 10월 10일 며느리인 고故
노진남 할머니가 그 맥을 이어 나주샛골나이 기능보유자가 되었다. 현재는 고
故 노진남 할머니의 며느리 김홍남 씨가 그 기능을 이어받아 전수교육 조교로
활동하고 있다.

　여기에서 생산되는 무명베는 전국적으로 그 결이 곱기로 유명해 궁중에 진
상되었으며 만주까지 팔려나갈 정도였다고 하는데 지금은 간신히 그 명맥만
잇고 있는 것 같다. 처음 보유자가 된 고故 김만애 할머니에 대해서 그의 후계
자이며 며느리였던 고故 노진남 할머니가 한 말이 눈에 들어온다.

　"목화를 심고 길러 따서 씨앗을 골라내고 솜을 타고 실로 잣고 베틀로 짜고
허는 어느 과정 하나라도 정성이 빠지면 옷감이 영 글르게 되지요. 시어머니

께서는 모다 빤 듯이 옳게 허고 살뜰히 정성을 기울이라고 허셨어요. 실 감는 거 하나도 옳고 그런 것이 있다고 허셨지요. 지가 궁금해서 그게 뭐냐고 여쭤 보니 실을 감을 땐 사르르르 사르르르 해야 디야, 따르르르 따르르르 하면 안 디야, 소리가 곱지 않으면 옷감이 안 디야 하였어요. 실이 고르게 잘 되면 감을 때 소리도 부드럽게 잘 나지만 그렇지 않으면 소릿결이 영 들쭉날쭉혀단 것을 그리 운치있게 설명해주시는 양반이었어요. 우리 시어머님이."

이런 고운 성정들이 고스란히 잘 전수되어야 할 터인데 걱정이다.

청림산 깃대봉 자락에 있는 탐진 최씨 재각을 둘러보고 다시 마을 골목을 걷는데 큰 호랑가시나무가 보여 집으로 들어갔다. 다섯 칸이 넘는 큰 집에 마당이 넓다.

"우리 시아버지가 젊었을 적에 지었다고 합디다. 원래는 저 은행나무 앞에 사랑도 있었는디 거기는 폴아 불고 요렇게 됐지만, 예전에는 제법 큰 집이었지라."

19살 때 함평 학교면 내동에서 시집온 내동댁 할머니의 말씀이다. 오 남매를 키워 모두 출가시키고 홀로 남아 이 큰 집을 지키고 사신다.

오남매를 다 출가시키고 홀로 사는 내동댁 할머니

"좋은 세상 만났으믄 한 가닥 크게 흘 분인디 세상을 잘못 만나서 험하게 살다 가셨어."

내동댁 할머니의 남편이었던 고故 최봉규 씨는 일제 강점기 때 일본 동경대에서 유학했던 인텔리였다고 한다. 유학 갔다 와서는 무안군에서 일하다 동생이 좌익 활동을 했다는 이유로 그만둔 후 농사를 지으며 한 많은 세상을 살다가 20년 전에 작고하셨다고 한다.

"인자 사람이 없어. 저 집도 얼마 전에 저세상으로 가부러서 인자 빈집이여."

내동댁 집을 나와 골목을 다시 한 바퀴 돌아도 만나지는 사람이 없다. 마을 앞 청림들판에 일하는 사람들이 몇몇 보일 뿐이다.

내동마을 풍경

회룡마을 전경

2. 내를 휘돌아나간 용은 다시 돌아올까?
[순천 회룡마을]

봄인가 싶을 정도로 며칠 동안 따뜻한 날이었는데 설이라고 추워진다. 그래도 설날이라고 사람 사는 것 같다. 집에 올 손주들 먹일 생각으로 아랫장에 가서 장을 봐다가 장만해도 힘들지 않다. 동산댁은 설 연휴라고 집에 온 아들에게 담가뒀던 찹쌀을 들라 하고 작대기를 짚고 집을 나선다.

옛 정거장 마당에 있는 벚나무들. 봄이되면 하얗게 핀 꽃동산을 이룬다.

동산댁 집, 재철이 집, 최샌 집 세 집만 남아

동산댁이 사는 마을은 회룡回龍이다. 순천 서면 구만리 회룡마을. 원래는 승주군이었는데 1995년 승주군과 순천시가 통합되면서 현재는 순천시다.

마을 앞에 있는 호두산虎頭山에서 흘러내려온 물과 북쪽 학구에서 흘러내린 물이 마을 앞에서 합류하는 곳에 큰 못이 있었는데 물이 빙빙 돌아 흐른다고 하여 회룡이라 했다 한다. 물 즉 내川를 용으로 인식하였던 것이다.

그래서였을까. 그 많던 마을 사람들이 물처럼 객지로 흘러가 버렸다. 1930년대까지만 해도 많을 때는 50여 가구도 넘었다. 1935년 여수에서 시작되는 전라선 개통으로 철길이 마을 가운데를 지나면서 9호만 남고 20여 호는 헐려 역 주변과 국도변으로 분산되어 살았는데, 또다시 1990년에 국도 17호선 4차

떡 방앗간에 모인 사람들

선 확장공사를 하면서 마을 사람들은 물처럼 흘러가 버렸다.

이젠 동산댁 집과 재철이 집, 최샌(최병섭) 집, 세 집만 남았다. 그나마 1999년에 철로 직선화 공사로 마을에 있던 정거장인 학구역鶴口驛마저 폐쇄되고 앞마을인 개운으로 옮기면서 마을은 더욱 쪼그라들었다.

폐쇄된 학구역에는 일제 강점기 때 심은 아름드리 벗나무 6그루만 남아있다. 그래도 봄에 하얀 벗꽃이 피면 그나마 보기라도 좋다. 꽃이 만개할 때면 동네 사람들 날 잡아 벗꽃 아래로 나비처럼 모여들었던 곳이다.

쌀 다라이가 사람 대신 줄을 서는 시골 떡방앗간

동산댁은 동산에 있는 떡 방앗간으로 간다. 아들 덕에 금방 편하게 왔다. 일

떡을 만든 죽챙이 할매 발걸음이 바쁘기만하다.

찍 나선다고 나섰는데 방앗간 안에는 벌써 사람들이 꽉 찼다.

쌀 다라이가 사람 대신 줄을 서서 순서를 기다린다. 죽챙이에서 온 할머니들, 달아실에서 나온 할머니들, 장자굴에서 온 할머니들, 구랑실에서 온 할머니들. 모두 떡 만들고 떡국 빼느라 정신들이 없다. 그런 중에도 할머니들은 즐거운 이야기꽃을 한껏 피운다. 그 사이로 동산댁은 작대기를 짚고 쌀 다라이를 밀고 들어간다.

따끈따끈한 인절미

순천 시내에서 왔다는 할아버지가 할머니들 사이에서 혼자 온풍기 옆에 앉아 계신다. 원래 죽챙이가 태어난 고향인데 설날이라 고향에 있는 방앗간으로 딸이랑 떡 하러 나오셨단다. 그 딸이 6·2 지방선거에서 순천시의원으로 출마할 거라며 은

근히 자랑이다.

방앗간 밖으로는 떡고물 같은 눈발이 분분하다.

"아, 뭔 떡을 그렇게 많이 해? 차례 기다리다 죽겠구마는."

"흘 일도 없는디 식구들끼리 떡이나 묵고 있을라고 많이 허요."

죽챙이에서 왔다는 꼬부랑 할머니는 떡 많이 한다는 장난 섞인 핀잔에도 아랑곳 하지 않고 떡 만드느라 정신없다. 그렇게 떡을 다 만든 죽챙이 꼬부랑 할머니는 속곳에서 핸드폰을 꺼낸다.

"떡 다 맹글었응께 언능 가지러 온나."

득달같이 달려온 죽챙이 꼬부랑 할머니 아들이 따뜻한 떡 다라이를 들고 방앗간을 나가자 동산댁은 다시 작대기를 짚고 가서 다라이를 앞쪽으로 민다. 방앗간 문이 열리고 또 할머니 한 분이 들어온다. 동산댁 언니다.

남정순, 남옥순 자매

자매는 방앗간에서 만나니 더 반갑다. 죽챙이 할머니가 준 떡을 언니랑 함께 떼어 먹으며 오랜만에 동산댁이 웃는다. 손맛이 좋아 반찬도 뭣이든지 맛있게 무치는 언니는 손도 커서 음식을 많이 하는데, 올해는 먹을 사람도 없다며 쑥떡만 한단다. 언니가 유난히도 좋아하는 떡이 쑥떡이다.

식구들 목숨줄이 돼 주었던 국사봉논 서 마지기

제법 날리던 눈발이 약해졌지만 바람은 세다. 드디어 떡이 다 되고 아들이 차에 싣는다. 아들 덕에 편하게 일을 봤다. 오지다.

집 가까이 와서 1999년 폐교된 서산초등학교 앞에서 아들 녀석이 차를 멈춘다. 해방되기 전인 1945년 6월 27일 개교한 역사와 전통이 있는 학교인데 폐교가 되었으니 아들은 맘이 짠한 모양이다. 현재는 순천관찰체험학습장으로 이름이 바뀌고 철문까지 만들어 못 들어가게 해 놓았으니 오죽하겠는가.

"어여 가자. 애들 지달리겠다."

손주들 온다고 온 방의 보일러를 다 올려놓았는지 집안이 훈훈하다. 영감이 보일러 온도를 내리자 동산댁은 다시 보일러 온도를 올린다.

"이런 날 아니믄 언제 땃땃하게(따뜻하게) 불 때고 살겠소."

손주들이 와서 행복하신 남정순 할매

모여든 식구들은 제각각 떡도 만들고 전도 지진다. 동산댁은 허리를 짚고 집안을 다니면서도 마냥 즐겁다. 날마다 이런 날만 되어라.

먹고살긴 힘들었어도 금쪽같은 어린 자식들이랑 다같이 살던 옛날이 좋았다. 천수답이지만 식구들 목숨줄이 돼 주었던 국사봉(국시봉)논 서 마지기도 있었다. 날마다 죽순마냥 커 가던, 눈에 넣어도 안 아픈 자식들 보면서 일은 힘들어도 얼마나 행복했던가. 삶의 희망이었던 자석들이 있어서 한세월 잘 견뎌 왔는데 요즘은 자석들 얼굴은 둘째 치더라도 목소리 들

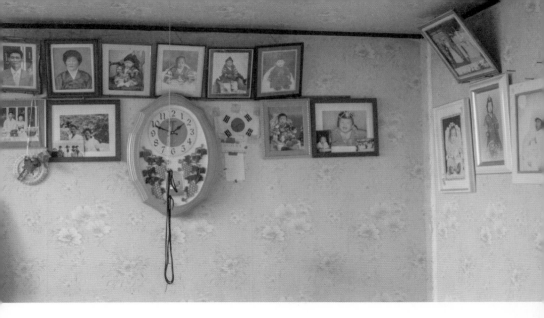

벽에 걸린 가족들 사진

기도 힘들다. 그런데 이렇게 집안에 자식들로 가득하니 얼마나 좋으냐 말이다.

저녁 물리고 윷판을 벌였다. 영리한 큰며느리는 윷도 잘 논다. 서울대 댕기는 큰손자는 언제 봐도 튼실하고 얼마 전에 임용고시 합격한 둘째 손자만 보면 '하나님 감사합니다'가 자동으로 나온다. 큰손녀를 보면 맘이 찢어지다가도 막내 손자 녀석을 보면 금세 웃음이 나온다. 돌아보면 회한 가득한 삶이었지만 동산댁은 감사하다. 귀가 먹고 다리가 불편해도 지금껏 같이 살아 있는 고마운 영감이 있고, 영감이 국가유공자가 되어 연금까지 받으니 더 좋다.

솔은재 모퉁이 돌아 사라지는 기차 보며 꿈을 키운 소년들

마을 뒷산에 올랐다. 국사봉에서 뻗어 내린 마을 뒤 작은 동산이다. 여기에서 보니 마을 형국이 옥녀봉 중턱에서 옥녀가 거문고를 타는 형이라는 말이

딱 맞다. 마을 앞에서 남북으로 길게 늘어진 내川며 국도 17호 한길, 전라선 철길이 하얗게 거문고 줄처럼 늘어져 있다.

집 앞으로 국도 17호선이 남북으로 길게 뻗어가고 개운마을로 옮긴 전라선도 보인다. "뽀옹" 기적을 울리며 남쪽 산모퉁이를 돌아서 온 기차가 마을 정거장으로 들어서면 괜스레 마음이 부풀던 소년이 있었다. 누군가 저 기차에서 내려 집으로 올 것 같았기 때문이다.

마을 정거장 학구역에서 한숨 돌린 기차는 북쪽에 있는 솔은재

가족의 목숨줄이었던 국사봉논

松峙 터널을 올라가느라 몸을 추스렸다. 그러다 북쪽 솔은재 모퉁이를 돌아 사라지는 기차를 보며 소년은 저 기차가 가는 곳은 어디일까 하며 보이지 않은 산 너머 세계에 대한 동경을 키웠다.

식구들의 목숨줄이었던 국사봉논에는 이제 나락보다 꽃나무가 대접받는다. 국사봉논에 물을 대고 식구들 목을 적셨던 옹달샘은 이제는 말라버렸다.

그래도 봄은 올 모양이다. 매화나무 싹이 금방이라도 터질 듯하다. 폐쇄된 정거장 앞마당에 있는 아름드리 벚나무들도 봄이면 활짝 꽃을 피울 것이다.

소년은 아득한 봄날을 꿈꾼다. 마을을 떠났던 모든 사람이 만화방창萬化方暢 모여들어 꽃잎 분분히 날리는 꽃그늘 아래에서 옛이야기 나눌 것이다. 끊긴 기차 소리 다시 이어질 것이다. 그리고 말라버린 옹달샘에 단물 가득 고이리라. 닫힌 서산초등학교 교문 열리고 아이들 글 읽는 소리 높아지리라. 그리고 휘돌아나간 용도 다시 마을로 돌아오리라.

3. "우리 동네는 영산강 바람이 시원하게 불어"
[함평 기동마을]

길을 가다가 길이 끊어진 경우는 처음이었다. 길을 막는 것은 영산강 곡강이었다. 함평군 학교면 월호리 가는 지방도로를 무심히 따라가다가 길이 끊겼는데 그곳은 영산강 중천포였다. 말이 포구지 작은 배 몇 척 묶인 채 떠 있을 뿐 이곳에 뱃길이 열렸던 예전의 나루터가 있었다고는 믿기지 않을 정도로 을씨년스러웠다. 차를 돌려 나오는데 포구 옆에 있는 집 길가 평상에 할머니 한 분이 나와 간혹 지나가는 차량을 무심히 쳐다볼 뿐이다.

이곳은 함평군 학교면 월호리 기동基洞마을이다. 200여 년 전에 추계 추씨가 들어와 마을의 터를 잡았고 그 후 나주 김씨와 이천 서씨가 들어와 마을을 이루며 여러 성씨가 모여 살고 있다.

영산강

일제강점기때 목종도 쌀을 삳고 갔던 중천포구

　옛날에 어떤 도사가 마을 앞을 지나가면서 사방이 조그만 언덕으로 둘러
싸여 있고 앞으로 강이 흐르고 있어 마을 터로서는 아주 좋은 터라고 하였다
해 마을명을 "기동基洞"이라고 하였다 한다. 옛날에는 영산강과 접해있는 마을
이라 하여《호구총수》에는 임강촌臨江村이라 기록하고 있다. 또한 일본 사람의
정착이 함평에서 가장 빠른 마을이기도 했다. 이미 일제강점기인 1927년 무
렵에 스기鈴木농장을 운영했던 천야라는 일본사람이 마을에 집과 창고를 짓
고 주변의 땅을 사고 무안의 땅까지 사서 그곳에 소작을 주고 나온 이자 쌀을
2,000석이나 했다고 한다. 그렇게 모은 쌀을 이곳 창고에 쌓아두고 바로 옆에
있는 중천포中川浦에서 배를 이용하여 목포로 가져가 다시 일본으로 실어 날랐
다고 한다. 일제 수탈의 현장이 이 마을이었다. 지금은 1927년에 지은 일본식

일제강점기 때 적산가옥과 창고가 아직도 그대로다.

판잣집과 1930년에 지은 창고가 등록문화재로 지정되어 있다. 이곳에서 보면
영산강이 시원하게 흘러간다.

명천을 마시면 장수한다는 마을

기동마을은 마을 뒤로 마산馬山이 솟아있고 주위로 나지막한 동산이 둘러
있다. 15가구의 작은 마을이지만 영산강 옆의 기름진 평야 당탄들과 진례들
이 있어 농사짓고 살기 좋은 곳이다. 또한 마산에서 흘러내린 샘은 명천이어
서 그 물을 먹고 사는 마을 사람들은 장수한다는데 마을 사람들은 장수마을
이라고 이구동성으로 자랑한다.

뱃사공으로 일을 했다는 김수옥 할아버지

지금은 비어있는 적산가옥 바로 옆에 있는 김수옥 할아버지를 찾아가니 마침 오수를 즐기는 중이다. 한 길가 평상에 나와 있는 남산댁과 얘기하다 다시 들어가니 할아버지가 마침 일어나신다. 마을에서 가장 연장자신데 대화에 전혀 불편함이 없이 귀도 밝고 건강한 모습이다. 몇 가지 여쭈니 할아버지, "뭘 준다는 소리는 안 흐고 영감을 귀찮게만 흐네" 하신다.

김수옥 할배와 남산댁 할매

젊은시절 뱃사공이었던 김수옥 할배

"아, 옛날에야 좋았제. 나가 도선일 흘 때는 사람도 많았제. 그래서 일도 흘만했어."

할아버지는 40대부터 70 자실 때까지 중천포에서 뱃사공으로 일을 했다고 한다. 강 건너 나주 공산면 신곡리 사람들이 주로 많이 배를 이용했는데 나룻배를 이용하여 도선 일을 할 때는 수익도 그만해서 입에 풀칠하고 살았다고 한다. 포구 바로 옆에 집이 있어 그곳에서 주막집도 했는데 1980년도에 영산강 유역 정화사업 시 집을 팔고 지금의 이 집으로 이사를 왔던 것이다.

"아, 어쩔 수 없었제. 정부에서 나가라고 흔께로 나와 부렀어. 배 타는 사람들도 없고 해서. 아, 옛날에야 차가 없응께 배를 탔제만, 지금사 어디 누가 배를 타...? 배가 뽈세 없어져부렸제 아직까지 있것어. 나무도 맹근 나룻밴디."

"원래는 그 집 창고가 2개였어. 하나는 뜯어 불어 없어져 부렸제. 나가 10살이나 묵었을 땐가 지었는디 굉장했제. 요 인동 논은 죄다 그 사람 거였어. 일본 사람은 여기서 살던 않았제. 어찌다 한 번씩 와서는 둘러만 보고 가믄 인부들이 쌀을 저다 날라갖고 목포가 나가서는 일본으로 갔제. 사람들이 서로 소작 붙일라고 난리였제. 어쩔 것이여. 묵고 살랑께. 그렇게라도 아부흠서 살아아제. 해방흐고 나서는 한 번도 안 봤구마. 함, 뭘라고 올 것이요. 맞아 죽을라고 올 것이요? 진작에 폴아 불었을 것이요. 지금은 선생인가 흐는 사람이 관리를 흐는디 군에서 관리를 흐요. 얼마 전에는 돈을 들애 갖고 수리도 흐고 흡디다."

젊었을 적에는 만주까지 가서 포목 장사를 했다는 할아버지는 여전히 기골이 장대하면서도 "뭐라고 그런 것을 물어 싸아. 귀찮구마는..." 하시면서도 많은 얘기를 줄줄이 풀어놓는다.

"아, 근디 학교에서 가스가 온다고 했는디 왜 안 오는 거여?"

할아버지는 학교면으로 이어지는 길 끝으로 자주 눈길을 준다. 아침에 가스가 떨어져 저녁밥을 할 수가 없어서 연락했더니 오후에 온다고 했는데 할머니는 그걸 벌써 기다리고 계신 것이다.

사진 한 장 찍겠다고 하니 손사래를 치면서도 살짝 웃어주시는 할아버지와 할머니를 뒤로하고 마을로 들어갔다. 마을 가운데 동각에 마을 사람들이 모여 있다가 객을 반갑게 맞는다. 마을 앞 영산강에서 불어오는 바람이 시원하다.

5·18 민중항쟁 사적지 : 학교역 광장

"영산강이 바로 저긴디 얼매나 시원흐요. 이런 동네 없을 것이요."

"저기를 당탄들이라고 흐는디 거기에 당탄섬이 있었어. 제법 큰 섬이었는디 땅은 함평에가 있는디 그 섬에서 농사짓는 사람들은 나주 공산사람들이 와서 농사를 짓고 살았어. 근디 요번 4대강 사업인가 해갖고 그 섬을 없애부럿어. 엊그젠가 일이 끝났을 것이요. 아, 섬 하나 없애는거 아무것도 아니드만. 영산 강 물이 당탄섬에 걸린다고 없애부럿다요. 오염도 되고 흔께. 아, 나라에서 흐는 일인디 어뚷게 흐것소."

할머니들이 조문 가야 한다고 일어선다. 그래서 먼저 사진을 찍겠다고 하니

뜨거운 태양에 마르는 홍고추

얼른 찍으라며 브이(V)자까지 그린다. 원래 한마을에서 나고 살았다고 해서 한물댁, 무안 인동에서 시집 왔대서 인동댁, 전주 이씨라고 해서 전주댁, 무안에서 시집왔대서 무안댁이 카메라 앵글안서 웃는다. 멋진 모자를 쓴 반장님 사모님이 대표로 조문을

갈 모양이다. 나에게 부조금 봉투에 이름을 써달란다. 이름이 뭐냐고 하니 모두 한물댁, 인동댁, 전주댁으로 써달란다. 무슨 증명이 더 필요하겠는가. 졸필이지만 정성껏 써서 드린다.

6시가 넘었어도 저 태양은 작열한다. 그 아래 영산강 바람맞은 태양초가 잘 익어간다.

4. 개 짖는 소리도 없이 적막하네
[순창 장례마을]

순창으로 가는 동안 햇빛이 참으로 한가롭다. 기어이 함께 가자며 떼를 쓰는 딸애와 함께 나선 길이다.

느긋하게 뻗은 길이 산속을 휘감고 도는가 싶은데 막 채고 올라서니 웬걸! 비포장길이다. 길은 어찌 되었든 연결되어 있다는 사실을 아는 나는 비포장길을 털털거리며 산속으로 들어간다. 느닷없이 넓은 들이 나온다. 그리고 그

장례마을 김용춘 할배

넓은 들을 바라보고 있는 소나무 아래 모정. 모정엔 해바라기라도 하는 듯 난간에 기대앉은 할아버지 한 분이 보인다.

겁나게 큰 바구가 있다고 '백바우골'

"할아버지, 마을이 어디 있나요?"

"마을? 여기가 마을이제."

알고 보니 마을 모정이 있는 소나무숲 동산 아래에 남향으로 마을이 조용히 앉아 있다.

"여기가 백바우골이여."

"그게 무슨 뜻인가요?"

"나도 잘 몰러. 옛날부터 어른들이 그렇게 불렀어. 지금은 경지정리를 하면서 없어졌지만 저기 바뎅이뜰 안에 겁나게 큰 바구가 있었는디, 그래서 그렇게 불른가 몰러."

백바우골은 순창군 인계면 장례리 장례마을. 동쪽으로 큰봉이 있고 서쪽으로는 송산(송씨들 문중 산)이라는 산속에 둘러싸인 마을로 멀리 용바우골인 쌍암리가 내려다보이는 노령산맥의 깊은 산 속에 있는 마을이다. 깊은 산속이긴 해도 의외로 넓은 들판이 펼쳐져 있는 곳. 추수를 모두 끝낸 빈들에는 늦가을의 햇살만이 고요하게 내리고 있다.

그 들판을 김용준 할아버지가 망부석처럼 앉아 바라보고 있다. 마을은 조용하기만 하다. 5가구에 12명이 살고있는 백바우골은 세상과 격리된 아니, 세상을 멀리하고 들어앉은 마을 같다.

"할아버지 누굴 기다리시나 봐요."

"없어, 그냥 적적하고 날도 좋아 나와 봤어."

할아버지는 마을로 들어오는 비포장 농로길이 산모퉁이를 돌아가는 그 끝으로 시선을 던진다. 시간이 정지된 듯한 백바우골에는 개 짖는 소리조차 들리지 않는다. 산골 마을에 가다 보면 나그네를 먼저 반기는 건 대부분 개 짖는 소리. 산골의 정적을 깨는 느닷없는 개소리에 당황한 적이 한두 번이 아니었는데, 이곳 백바우골의 정적은 오히려 부담스럽기도 하다.

5가구 모두 노부부 함께 살아

10년 전에 마을 주민들이 그냥 얼기설기 지었다는 모정이지만 덥석 올라앉아 동화책을 펼쳐 든 딸아이가 기분이 좋은지 콧노래까지 흥얼댄다. 마을마다 기계로 찍은 듯이 똑같이 서 있는 정자보다는 훨씬 정감이 가는 건물이다.

"우리 망구가 결혼식장에 간다고 나갔는디 언제나 올란가 몰러."

머리까지 단정하게 가리마 쳐서 빗어 넘기고 대님까지 곱게 매어 의관을 정제한 모습으로 앉아 계신 모습이 참으로 정갈하다.

"우리 동네는 한 사람도 혼자 사는 사람이 없지, 흐흐."

할머니를 기다리는 모습이 참 보기 좋아 할머니를 많이 사랑하시나 보다 했더니 그 연세에도 부끄러운지 고개를 살짝 꼬며 입가에 웃음을 흘리신다.

백바우골에 있는 5가구는 큰아들 부부와 사는 김 할아버지네 말고는 모두 내외만이 남아 마을을 지키고 있다. 자식들은 다 장성하여 도회지, 특히 서울 쪽으로 나가고 늙은이들만 마을을 지키고 있는 것이다. 그런데 한 가족도 사별하여 홀로 사는 집이 없다는 것이다.

주민들이 직접 만든 장례마을 모정

모두 금실이 좋냐는 질문에 할아버지는 무덤덤하다.

"그건 나도 잘 모르지. 사는 것이 뭐 별반 다르겠어."

하지만 서로 등 긁어주며 기대고 사는 백바위골의 노부부들은 외로움이 덜 할 것 같다.

마을 구경을 하겠다니 할아버지는 천천히 일어나 앞장선다. 순간 할아버지 어깨에 앉았던 늦가을 오후의 고운 햇살이 바스락거리며 떨어지는 듯하다.

맑은 물방울 송송 솟는 공동 샘

이곳 마을 사람들의 교육열은 참으로 높다. 5가구 중 아이들은 대부분 대학까지 다 가르쳤다 한다.

"나가 올해 여든다섯이여. 여기서 나서 여기서 여지껏 살고 있소. 근디, 배우덜 못해서 아직도 까막눈이요. 사람은 어떻게 해서든지 배워야 써. 암."

곶감과 호박

마당 가득 쏟아지는 햇살과 바람을 쐬고 있는 곶감 때깔이 너무 좋아 카메라를 들이댄다. 그러자 할아버지는 잘 마른 곶감 한 줄을 먹어보라며 싸 준다.

"이런 걸, 어디 돈 주고 사 묵겠소. 애들 오믄 줄라고 맹근 건디. 별거 아녀도 한번 잡사 봐."

딸애가 더 신이 나 받아들고 좋아한다.

"동네 한 번 둘러보렵니다."

"그러시우, 거기 시앰 한번 보씨요."

은행나무와 마을의 광장 역할을 했던 샘터

할매 집 담장

　마을 가운데에 공동 샘이 있다. 노란 은행잎이 떨어진 우물은 한 폭의 수채화다. 맑은 물방울이 송송 올라오는데 딸아이는 벌써 그 우물 속으로 빠질 듯이 들여다보며 신기해한다. 이 작은 우물터가 마을의 광장일 터이다. 바가지에 물을 떠서 노란 은행잎을 띄워 주니 딸아이가 웃더니만 그 많은 물을 달게 다 마신다.

"자식들 가르치고 바글바글 살 때가 좋았제"

　대전 번호판을 단 자가용 한 대가 마을을 빠져나간다. 그 뒤에 할머니 한 분이 사라지는 자가용을 바라본다.

　"대전에 사는 막내딸인디, 어제 왔다가 올라가는 길이라요."

　할머니를 따라 댁으로 가니 큰집은 아니어도

정갈하다. 할머니는 딸에게 싸주고 남은 배추며 무 등속을 마저 손질한다.

"내내 잠만 자다 가요. 저렇게 한 번씩 왔다가 보내고 나믄 맘이 짠해…"

마늘을 까는 할머니의 손이 나무토막 같다.

"그래도 옛날에 자식들 가르칠 때가 좋았제. 바글바글 정신없이 바쁘고 힘들었어도 자석들 커 가는 것 보믄 오지고 좋았는디…"

낯선 손님에게 홍시감을 내준 것만으로는 서운했는지 할머니는 딸애 호주머니에 사탕을 밀어 넣어 주며 대문 밖까지 배웅을 나온다.

해가 많이 기울었는데도 결혼식 때문에 광주로 나갔다는 마을 사람들은 아직 오지 않는다. 서쪽 하늘에 걸린 석양빛에 빈 모정이 불탄다.

덜컹이는 차 안에서 백미러를 본다. 모정으로 다시 올라오는 김용준 할아버지가 보인다. 마을로 돌아올 사람들을 하염없이 기다리실 것이다.

바글바글 할 때가 좋았제…

산 넘어 남촌에는

1. "죽세품 덕에 도라꾸로 돈 싣고 간다 했어"
[담양 왕산마을]

담양이라, 참으로 오랜만의 담양 길이다.

그런데 속이 팍 상한다. 담양에서 장성으로 넘어가 바심재로 이어지는 15번

왕산마을

국도가 변해 있다. 그 아름답던 도로가 달리고 싶지 않은 도로가 돼 버렸다. 도로 공사를 하면서 그 많던 가로수들은 다 어디로 가고 넓은 도로에 가려 마을들은 보이지도 않는다. 속이 상한 채로 왕산마을이라는 작은 표지판을 따라간다.

"대나무로 지금까지 묵고 자석들 키우고 돈도 벌고"

담양군 월평月坪리 왕산旺山마을. 구불구불 작은 길을 따라가니 넓은 벌판이 나타나고 뙤약볕 아래 농부들 손길이 분주하다.

마을 뒷산을 도마산, 남쪽에 있는 산을 치기봉이라 하는데 마을 사람들은

도마산을 '옥녀봉', 치기산을 '서방산'이라고도 부른다.

그리고 그 가운데에 있는 벌판을 신랑 신부가 예를 갖추는 곳이라 하여 '제례청', '제례들'이라고 한다. 남녀가 화합하는 곳이고 자식이 생산되는 곳인지라 항상 풍년이 든다는 것이다. 그러니 황금 들판이 아니겠는가.

원래는 모두가 대밭이었다고 한다. 하지만 담양의 죽세품 산업이 사양화되면서 대들은 모두 파헤쳐지고 논으로 변했다. 마침 담양댐이 만들어지면서 마을 뒤로 해서 장성으로 가는 물길이 생겨 그 물길 덕에 풍년가가 끊이지 않았을 터이다.

현재도 마을 주변에 대나무가 많다. 대밭 속에 마을이 있어 바깥에선 마을이 잘 보이지 않는다.

왕산마을은 조선 성종 때인 1480년 형성되었다. 그때는 '왕산王山'이라 했는데 조선 중엽에 '왕산旺山'으로 개칭되었다고 한다. 무슨 연유로 한자가 바뀌었는지는 관련 자료를 찾을 수 없다. 처음에 이 마을에 들어온 경주 이씨가 마을 뒤편으로 국사봉과 도마산이 우뚝하고 마을 앞으로 넓은 들이 있어 살기

마을 앞 제례청 논에서 일하는 마을주민들

좋은 곳이라 여겨 옥천조씨 딸을 맞아들이고 정착하면서 마을이 형성되었다 한다.

이후 경주 이씨 집안에서는 진사가 났으며 1900년 말에 홍성 장씨 가문에서 장군이 났고 창녕 조씨 가문에서 검사가 났으니 마을 터가 좋긴 좋은 모양이다. 그렇게 좋으니 지나던 사람들이 눌러앉게 되어 현재 여러 성받이로 마을이 형성되어 있다. 기록을 보면 조선 시대에는 산막골면에 속했고 인근 고래 마을에는 면역소를 두었다고 한다.

마을 가운데 있는 정자에 가봤더니 텅 비어 있다. 가을로 치닫는 요즘 한 줌의 햇살이 아까울 때인데 마을 사람들 정자에 앉아 있을 시간이 없을 터이다. 마을회관 앞으로 가니 오래된 손수레를 수리하고 있는 분이 있다. 몇 마디 여쭈니 어김없이 대나무 얘기가 나온다.

"우리 동네는 대나무 동네여. 나도 대나무로 지금까지 묵고 자석들 키우고 돈도 벌고 했제."

장천수 영감님은 대나무 얘기를 술술 풀어놓는다.

"중국 제품이 들어옴서부터 없어졌지만 담양하면 죽세품 아니여? 담양 죽세품이 아니여도 담양장으로 와야 전국으로 팔려 나갔응께. 장날이믄 대단했제. 그런 구경은 다시는 못헐 것이여. 전국에서 사람들이 몰려온께, 전국 소식은 다 듣제. 그렁께 하루 종일 있어도 재미져. 아홉시 뉴스가 따로 없어."

햇빛의 나무토막 장천수 할배 손

오토바이 타고 지나던 영감님이 뭔

일인고 길을 멈추고 기웃거린다.

"나는 열다섯 살 때부터 동네 선배들한테 대바구니 맹그는 걸 배웠어. 뭐 배우고 말고 헐 것도 없어. 맨날 보는 것이 대나무고 대바구니 맹그는 거 보고 자랐는디 그거 안 허고 뭘 허고 살겠소. 그래서 지금도 고맙게 생각허요. 대나무가 없었으믄 살도 못 했을 것이요. 죽세품 맹글어 갖고 돈도 많이 벌었소. 그때는 좋은 시절이었제. 동네 사람들이 모다 죽세품 맹글어서 돈을 벌었는디, 딴 마을 사람들이 왕산마을은 도라꾸로 돈을 싣고 간다고 헐 정도로 돈을 많이 벌었제. 근디 요

옛사진 속 대바구니를 만드는 사람들

즘은 옛날 같지가 않어. 대나무를 너무 무시허는 경향이 있단 말이요. 그래서 나(내)가 전에 있던 군수한테 가서 그랬어. 당신 말이여, 뭐 묵고 컸소. 그랬더니 당신 부모님도 죽세품 맹글었다고 글드만. 그걸로 컸다고. 근디도 군에서는 대나무를 소중히 허지를 않는 것 같어."

장날이면 대바구니 이고지고 비포장길 걸어 장에 가고

당시도 그랬지만 지금도 마을 사람들은 대밭을 '황금밭'이라 한다. 그 대나무로 온 식구 목숨 부지하며 살았으니 오죽했겠는가.

그래서 초등학교만 다니기 시작해도 죽세품 만드는 일에 매달렸다. 집집마다 골목마다 긴 대나무 쩍쩍 쪼개가면서 대바구니를 만들었다. 장날이면 마을 사람들은 자기 몸뚱아리의 몇 배나 되게 바구니를 묶어서 머리에 이고 등에 지고 자전거에 싣고 먼지 풀풀 날리는 비포장 십리 길을 걸어갔다. 1973년에 정부에서 마을 공동작업장을 지어주어 그곳에 모여 작업을 했다.

"저 건물이 정부에서 지어 준 공동작업장이어. 지금은 사람이 살고 있지만, 그때 풍경 중에 바뀌지 않은 것은 저 건물 뿐여. 요 앞에도 대나무밭이 있었는디 지금은 다 논으로 바뀌어 불었어."

공동작업장 앞에서 사진을 찍는데 장천수 영감님의 구릿빛 얼굴이 환하다.

"지금은 대바구니 맹그는 사람이 없어. 누가 그거 맹글고 있겄어. 돈 몇 푼 주면 좋은 거 산디. 그래도 나는 심심풀이로 맹들어. 맹근 거 한번 볼랑가?"

장천수 영감님이 자전거를 끌고 앞장선다. 영감님은 이 길을 통해 자전거에 대바구니를 쌓아 싣고 담양장으로 갔다고 했다.

"요런 대바구니 제품은 전국에서도 우리 집에서 처음 맹근 거여. 원래 대바구니는 요렇게 야차운(얕은) 것이 아니고 지펐어(깊었어). 대바구니는 다 그랬어. 근디 우리 집에서 요런 대바구니를 맹글어서 돈 좀 벌었제. 지금 같으면 신상품이었제."

장천수 영감님은 냉장고에서 맥주를 두 병 꺼내 따라 주고 시원하게 한 컵 들이킨다.

"그 제품이 나온 배경이 재밌어. 대바구니 장사를 헐라믄 바구니를 만들 줄 아는

장천수 할배가 바구니 하나를 금방 엮는다.

여자한테 장개를 가야 해. 남자가 대나무를 쪼개 주면 여자는 바구니를 맹글 거든. 그래야 손발이 맞고 빨리 일을 헐 수가 있어. 근디 우리 안사람은 바구니를 안 맹글어 본 사람이여. 넘들 허는 것을 보고 맹근 거라 넘들처럼 조리 있게 지프게 맹글 수가 없었제. 어쩔 것이여. 그거라도 갖고 나가 폴아야제. 근디 장에 간께 나가 맹근 것보다 우리 집사람이 만든 바구리를 더 사 가더란 말여. 그것이 보기도 좋고 쓸 디가 더 많다는 거여. 그래서 나도 한번 맹글어 봤는디 요것이 지프게 맹그는 것보다 훨씬 빨리 맹글어. 대나무도 적게 들고. 그래서 넘들이 열 개 맹글 때 우리는 열다섯 개 맹글고 대나무도 적게 들고. 그런께 돈을 벌제. 근디 사람들이 이것이 잘 폴린께 자기들이 한나씩 사갖고 가서는 연구해서 똑같이 맹글어 와 갖고 폴아부네."

그렇게 해서 4남1녀를 모두 학교 보내고 출가시키고 집도 동네에서 가장 넓은 평수로 뽑아 집을 짓고 해서 잘 산다고 한다.

"대바구니를 플라스틱 바구니에 비허겄소"

"요즘은 사람들이 죽부인을 찾는갑서. 그거 맹그는 거라도 배와 났드라면 써 묵을 것인디. 지금은 바구니나 소일거리로 몇 개씩 맹글어. 며느리들 오면 주는디 몇 개씩 더 달라고 해. 사람들이 좋다고 가져가 분다고. 플라스틱 바구니에 비허겄소. 궁께 좋아헌 사람들은 지금도 좋아합디다만."

장천수 영감님은 이렇게 만난 것도 인연인데 선물이라며 직접 만든 바구니 두 개를 묶

는다. 장가가고 한 달 만인 23살 때에 군에 가고 제대하고 나서 먹고살기 위해 시작한 것이 평생을 까칠한 대나무 만지며 열심히 살았다 한다. 대나무 쪼개는 칼을 든 손이 그 오랜 세월을 말해 준다.

"인생이란 것이 좋은 일만 있으란 법도 없어. 나도 13년을 보증 때문에 죽을 것 같았지만 그래도 열심히 살았어. 그래서 요렇게 잘 살고 있제."

영감님이 준 대바구니를 들고 마을 뒤에 있는 오제정梧霽亭에 오른다. 왕산마을과 제례들이 시원하게 내려다보인다. 경주이씨 이봉우가 1931년 건립하였다.

'벽오동 오梧'자 쓰는 정자는 봉황을 보자는 뜻이었을 터. 왕산마을을 감싸는 대나무밭 위로 대의 열매만 먹고 산다는 봉황이 이곳에 깃들었구나 싶다. 그래서 인물도 많이 났나 보다. 세상과 더불어 열심히 살아가는 마을 사람들의 삶이 있었기 때문에 큰 인물도 많이 났을 터이다.

오제정

2. "영산강 하구댐 들어선 뒤로 그 맛나던 숭어맛을 못 봐"
[무안 배뫼마을]

몽탄역을 지나 지방도를 타고 달리다 언덕을 넘으니 눈앞에 바다 같은 강이 나타났다. 영산강이다. 항공사진으로 찍은 U자 굽이의 영산강. 그 아름다운 곳에 있는 마을은 어떤 동네일까 항상 궁금했었다. 무안군 몽탄夢灘면 이산梨山리 배뫼마을이다.

마을 뒷산이 배의 형국과 같다 하여 주산舟山으로 부르다가 일제강점기에 이산梨山으로 개칭되고 어원상 '이梨'자를 따라 '배뫼'라 부르게 되었다는 의견도 있고, 이곳에 전선창戰船倉과 강정포구가 있어 배를 매었다는 뜻의 '배매'가 변해 이를 한자로 써서 '이산리梨山里'로 했다는 의견도 있다. 또 일본인이 순수한 우리말인 '배뫼'를 한자로 바꾸었다는 설도 있다.

강정포구

예전에는 마을 뒷산에 배나무가 많이 있었다고 한다. 특히 마을 앞의 영산강은 마치 호수 같아서 마을 뒷산에 배꽃이 피어 있는 봄날에는 호수 같은 영산강에 꽃 그림자가 비쳐 어느 절경에 부럽지 않을 정도였다고 한다. 해서 500여 년 전 마을의 입향조인 한호 임연이 영산강을 따라서 머무를 곳을 찾다가 이 절경을 보고 이미 마을에 살고 있던 방 씨들에게 남원에다 대토代土를 마련해 주고 마을에 들어온 것이라고 한다. 그래서 '배梨가 있는 산, '배뫼'라 했다는 것인데 이 말이 신빙성이 있어 보인다.

영산강에 배꽃 그림자 비쳐 아름다웠을 어느 봄날

《호구총수》에 현재의 배뫼마을 이름을 '이호梨湖'로 기록하고 있고, 또 다른 기록인 〈동국여지승람〉에도 '이산梨山'이란 지명이 나오는 걸로 봐서 배梨가 많은 동네였던 것 같다.

깡재를 넘어 마을로 들어서니 소박한 동각洞閣이 반갑다. 동각에 앉으니 영산강이 훤하다.

임종을 할아버지

"원래는 요 앞 배뫼뜰까지 물이 들었어. 옛날에는 여기서 나락 가마니깨나 져다 날랐제."

임종을 할아버지는 마당 청소를 하다 손에 빗자루를 들고나와서 배뫼뜰을 가리킨다.

"지금은 둑을 막아서 그렇지 원래는 여까지 물이 찰랑찰랑했어. 몽탄강 숭어가 여까정 올라와. 어릴 적에는 숭어몰이도 참 많이 했네. 얼마나 맛난지 몰라. 인자 글러부렀제. 영산강 하구댐이 들어선 뒤로 그 맛나던 숭어

보행기 없이는 다니지 못하는 할매들

맛을 못 봐. 그때가 좋았제."

　집으로 들어가서 소주라도 한잔하자는 걸 애써 물리치고 마을길을 걸어 회관으로 발걸음을 옮긴다. 길목에서 만나는 할머니들마다 유모차를 몰고 다닌다.

　평생 농사일로 구부정한 허리를 지탱하고 다니기에 편해서 몰고 다니는 유모차다. 마을회관 앞에도 할머니들의 전용 유모차가 몇 대 옹기종기 모여 있다. 회관 문을 열고 들어서니 할머니들이 어서 오라고 반긴다. 먼저 정자 앞에 모여 찍은 단체 사진이 눈에 들어온다.

　"저그 강정포에 있는 동각인디. 우리 임가들이 모타서 기념으로 박은 것이여. 우린 요렇게 자작일촌自作一村(한 집안끼리 또는 뜻을 같이하는 사람끼리 하나의 마을을 이룸)흐고 사요."

동각 이름이 뭐냐고 물으니 "그건 나도 모르고 암튼 영산강에서 최고로 명당자리라고 헙디다들"이란 대답이 돌아온다. 강 건너편 나주 동강에서 시집온 나주댁이 가만히 듣고 있다가 한마디 거든다.

"나가서 배뫼 임씨 흐면 다 아요."

"암, 알아주는 동네제."

할아버지가 영산강에서 고기 잡는 어부여서 마을 앞 강정포구에서 배를 타고 영산포까지 수없이 왔다 갔다 했다고 말하는 할머니는 관절로 인해 손가락이 휘었지만, 스스럼없이 손 내밀어 나의 찬 손을 감싸준다. 사진 찍을 때는 브이(V)자까지 한다.

신기댁 할매

신안 매화도에서 나주임씨 집안으로 시집온 매화댁이 고개를 살랑살랑 흔들며 "요롷게 벽진 곳으로 처음 시집와서는 어떻게 살까 했는디 살아봉께 살아집디다"라고 말한다.

"뒤에는 산이고 앞에는 강인디 어떻게 나다니고 살까 걱정도 했는디 다 사는 수가 있더구만요. 첨에는 어디 귀양 오는 줄 알았소."

근동 신기에서 시집 온 신기댁이 지난 한세월을 풀어 놓으며 한숨을 내쉰다.

영산강 일대에서 가장 좋은 풍광 자랑하는 식영정息營亭

몽탄면 이산리는 이곳의 '배뫼', 바로 옆 동네의 '당촌', 그리고 '느러지 마을'

로 이뤄져 있는데 마을 앞 지방도가 외길이다. 이 길 끝까지 가면 영산강이고 다시 나와야 한다. 그러니 오지 중에서 오지다.

"우리 영감이 숭애를 많이 잡았어. 영산강 숭애 흐면 알아준다요. 나랏님께 진상까정 했다등마. 지금은 숭애 길이 맥했제. 하구언으로 막아부렀는디 어떻게 올라오간디. 못 오제. 저래뵈도 여가 물살이 센 곳이요. 굼여울이여. 여가."

"굼여울이란 말이 무슨 뜻예요?"

"나가 알간디. 그냥 그렇게 불렀응께 그리 알제."

신기댁이 사람 좋게 웃으며 당신 집에 마을 전경 사진이 있다고 한다. 알고 보니 '굼'은 '크다'는 뜻이다. 즉 영산강 물길이 센데서 비롯된 말인데, 이후 '굼'이 '꿈'으로 변해서 '꿈여울'이 되었다

가 한자로 바뀌면서 '몽탄夢灘'이 된 것이다. 그렇다면 지금의 몽탄면의 어원은 여기에서 시작된 것이다.

할아버지들이 안 보인다 하니

"남자들은 모다 놀러 나갔어. 요즘은 일이 없응께. 복지회관 같은 디로 나가요."

이장 사모님이 내일 치를 보답계 잔치 준비한다고 주방에서 부지런을 떨다가 한마디 거든다.

"올라 갈라믄 배고픈께 저녁 묵고 가."

식영정에서 바라 본 영산강

식영정

　할머니들은 이렇게 마을회관에서 점심, 저녁까지 해서 함께 먹고 노닥거리다가 집에 가서 잠만 자고 아침밥 먹고 회관에 또 모여들어 하루 종일 맛난 것도 먹고 이야기하며 노신단다.

　금세 어두워질 것 같아 급하게 강정포구로 나갔다. 영산강 일대에서 가장 좋은 풍광을 자랑한다는 식영정息營亭이다. 배뫼마을의 입향조인 한호閑好 임연(1589~1648)이 말년에 여생을 보내려고 지은 정자다. 궁벽진 이곳 식영정은 강호에 나가 세상을 경영할 준비를 하는 곳이다. 그 의연함과는 대조적으로 식영정 바깥의 서정적인 풍경은 가히 압권이다. 아직 잎이 나지 않은 나뭇가지를 치켜든 팽나무들과 푸른 하늘을 배경으로 서 있는 정자는 고고하다.

　식영정 아래 영산강 물가에는 강정포구가 있다. 예전에는 많은 배들이 이곳을 찾고 떠나고 했을 것이다. 마을로 들어가는 깡재 너머에는 주막집도 많이 있었다고 하니 제법 번성했을 곳이지만 지금은 배도 없는 빈 밧줄만 부두에 묶여 있다.

임강호 씨는 강가에서 고기를 잡고 산다. 마을에서는 유일한 어부다.

"4대강 사업 흔다고 공사 시작흠서는 고기가 많이 안 잡히요. 그래도 그럭저럭 묵고는 사요. 허허."

화목 보일러에 넣을 나무를 쪼개던 임강호 씨가 강 쪽을 바라보더니 "오늘은 강에 나가긴 글런는갑소. 봇시오. 바람이 안부요"라고 말한다. 영산강에 나가 그물을 걷어 올리는 것을 보려고 물으니 손사래를 친다.

다시 강가로 간다. 몽탄지구 수변생태공간을 만든다고 갈대밭을 파고 데크 놓는 공사가 진행 중이다. 마을 입구에는 배뫼체험마을영농조합 사무실이 관광안내소와 함께 서 있다. 사무실 뒷문으로 해서 바깥으로 나가니 영산강이 더 가깝다. 여울물 흘러가는 소리 들린다.

3. "옛날에는 강물이 찰랑찰랑했제"
[광양 신답마을]

광양 망덕포구에 들러 윤동주 육필시가 보관돼 있는 정병욱 생가를 보고 섬진강을 거슬러 올라갔다. 왼쪽으로 남해안 고속도로가 보였고 아래로 자가용 한 대가 간신히 지나갈 만한 작은 터널이 있었다. 호기심에 들어가서 금방 터널을 지나니 마을이 나타났다. 그곳이 신답마을이었다. 광양시 진월면 신아리新鵝里 신답新畓마을.

섬진강가에 산자락을 끼고 이렇게 넓은 들판이 있다는 게 놀라웠다. 한여름의 뜨거운 햇살 아래 신답마을의 나락들은 잘 자라고 있었다. 골목을 거닐어 본다. 인근의 광양제철소나 남해안 고속도로 휴게소에서 일하는 사람들이 많아서인지 집집마다 고쳐 짓거나 단장한 모양새다. 뜨거운 한낮이라 인적은 없고, 대신 담장을 넘어 넝쿨 늘어진 능소화가 뜨거운 골목길을 지키고 있다.

개척된 논이 많다 하여 신답新畓

마을은 산꼭대기에 등대가 있었다고 알려진 등대 몬당산을 끼고 섬진강을 바라보며 길게 늘어서 있다.

신답마을은 400년 전 제주 고씨濟州高氏가 처음 이 고을에 정착하였다고 전하며, 현재와 같이 번창 된 역사는 비교적 짧다. 6·25 한국전쟁 이후 마을 앞 간척지가 새로 형성된 것을 계기로 옛날 본 마을인 답동畓洞과 비견하여 개척된 논이 많다 하여 신답新畓이라 하였다고 전한다. 지금은 사라진 옛 답동畓洞은 불썽골과 안골 사이 산자락에 위치하였을 것으로 추정하는데 점차 시간

신답 들판

신답마을

이 지나면서 마을 사람들이 산 아래로 내려와 지금의 마을이 형성된 것이다.

신아리新鶴里란 이름은 1914년 행정구역 통폐합에 따라 당시 아동리鵝洞里, 신답리新畓里, 신덕리新德里를 병합하여 신답新畓과 아동鵝洞의 이름을 딴 데서 비롯한다. 1789년경의 《호구총수》에 따르면 현재의 신답마을 인근에 진하면 답동촌畓洞村이 있었다는 기록도 보인다.

마을 골목길을 지나니 신답들 가운데 섬구정蟾鷗亭이란 정자가 눈에 띈다. 어르신 몇이 정자에 들어 더위를 피하고 있다. 바깥은 염천더위지만 정자 안으로는 시원한 바람이 솔솔 들어온다.

마을 토박이며 6년 동안 마을 일을 보신 서한태, 김길선, 그리고 옆 동네

섬구정

아동 마을에서 놀러 온 박성길 씨가 한담을 나누고 있다.

"원래 여기는 옛날에는 섬진강 갈대밭이었소. 여까지 강물이 찰랑찰랑했제. 6·25 이후에 제방을 쌓고 해서 여가 논이 된 거제. 그래서 신답이여."

"지금이야 편하게 농사짓게만 옛날에는 말도 말어. 저 가에 있다 해서 갓방천, 새로 쌓았다 해서 새방천, 그런 디서 논을 맹글어 갖고 농사를 지서 묵고 살았제. 비가 왔다 흐믄 방천이 터져 갖고 난리가 났어. 싹 떠내려가 불어. 지금 같으믄 농사는 일도 아녀."

"저 논골이 얼마나 좋으요. 저리 좋은 곳에서 농사를 짓는디 안 좋소."

"밤나무가 불썽골 안골 안으로 들어가믄 쌔불어. 그렇게 밤 주서 묵고 살았제. 지금은 누가 가나니. 그 험헌 디를. 갈 사람이 없어. 다 늙어 갖고."

아짐 한 분이 오토바이를 타고 서당골 쪽으로 가는 걸 보고 "뭐하러 가는 거여?"하고 아동마을에서 놀러 온 박성길 씨가 묻는다.

"고추 따러 간갑네."

신답들 너른 논에서는 이 더운 날에도 물꼬를 보는 사람, 논두렁 풀 베는 사람 등 모두 일에 골몰하고 있다. 섬구정 근처에서 물꼬를 보던 아저씨를 보더니 김길선 씨는 "쉬었다가 해. 물 안 건들어."하신다.

전 광양수협조합장이었던 김달진 씨가 '섬구정'이라는 당호를 지었다 한다. 섬진강을 넘나드는 많은 갈매기들이 쉬어가는 것처럼 오가는 사람들 쉬어가라는 뜻을 담았다. 이 마을 출신이며 서예를 하시는 김종선이라는 분이 글을 써서 현판 하였다.

"이 정자는 순 동네사람들 울력으로만 지슨 정자여. 동네 사람들이 십시일반 모아갖고 지셨제."

"옛날 같으문 사람이 바글바글 했제. 전어 떠서 묵고 놀고 난리났제. 근디 지금은 사람이 없어."

광양 전어잡이 노래의 중심 마을

호두나무 아래에서 주민들이 쉬고 있다.

마을 구경을 하러 정자를 나섰다. 불썽골 입구로 가니 큰 호두나무 아래 평상에 마을 분들 몇이 앉아 계신다. 여기에서 마을 앞 신답들을 바라보니 눈맛이 시원하다. 멀리 섬진강 물결이 보이고 강바람이 한꺼번에 밀려와 더위가 싹 가신다.

"여긴 오히려 하동장으로 가서 밥 먹는데요. 생활권이 광양시내가 아녀. 하동하고 가깝제. 그래서 하동에서 시집온 사람들이 많애. 지금 같이 다리가 없던 시절에 쪼각배 타고 다님서 하동장에 갔어. 그렇게 살았어도 사람이 많은 게 살만했는디 지금은 애기가 하나도 없어. 요렇고 큰 동네에 말이요.”

옆 오사리 사평에서 열여덟 살에 시집왔다는 정동래 할머니는 토란대를 벗기느라 파랗게 물든 손을 입에 대고 수줍게 웃는다. 손을 잡으니 “부끄롸.”하시면서 자꾸 움츠러든다.

“그래도 여가 살기 좋아라. 답골짜기 들어가문 우리 땅이 있어. 큰 바구들이 있어 참 좋아.”

마을 회관 앞에 포장을 씌워둔 배가 두 척 있길래 뭔가 했더니 광양 전어잡이 민속놀이 행사할 때 쓰는 배라고 한다. 신답마을은 전라남도 지정 무형문

정동래 할매 손

전라남도 무형문화재 제57호 진월전어잡이소리보존회 2주년 기념행사 2015.08.01

진월어잡이소리보존회 2주년 기념행사

화재인 광양 전어잡이 노래의 중심 마을이다. 전어잡이 선소리를 듣고 싶어 선소리꾼을 찾았더니, 선소리꾼인 김봉래 씨가 병원에 계신다고 했다. 대신 전어잡이 노래 보존회 회장님이자 마을 이장님의 도움으로 마을회관 2층에 있는 많은 자료를 구경할 수 있었다. 지금까지 전어잡이 노래를 지키고 전승하여 오기까지 회장님과 마을 사람들의 헌신적인 노력이 여실히 느껴졌다.

마을 앞 섬진강으로 나왔다. 섬진강변에서 마을을 돌아보니 마을은 조용하게 섬진강을 바라보고 있다. 강과 함께 살아온 마을 사람들의 지난 세월이 강물과 함께 출렁인다.

4. "우리 마을 용이 가장 힘이 셌다고 그래"
[광주 용전마을]

용전마을 버드나무

　광주 우치공원을 지나고 우치고개를 넘어 북쪽으로 계속 달리다 보면 넓은 평야가 나타난다. 건국동 용전龍田마을은 이 넓은 들판 가운데 있다.

　광주시에 있지만, 마을로 들어서면 여느 농촌과 같다. 광주시 북쪽 끝에 있으며 담양군 대전면과 경계지역에 위치하고 있다. 남쪽으로는 야트막한 죽지봉(마을 사람들은 '뒷나무간산'이라고도 부른다)이 있는데 평야지대에 있는 낮은 봉우리지만 제법 높아 보인다.

　서쪽으로는 담양군에 있는 병풍산, 불태산이 제법 웅장한데 그 가운데 벌판을 가로지르는 영산강이 있다. 마을 사람들은 용산강龍山江이라고 불렀는데,

풍부한 수량과 넓은 평야가 있어 농사짓기에 최적의 장소다. 그래서 용전마을 사람들은 논농사를 지으며 한평생을 살아왔다.

넓은 평야 덕에 용전들노래가 전해지는 마을

큰 강가 옆에 있는 마을이라 사람들은 물가의 마을 또는 물에 자주 잠기는 지형이란 뜻으로 '낙촌落村'이라고도 불렀다. 주민들에 따르면 1960년대까지는 홍수가 다반사로 일어났다고 한다. 그럴 때마다 마을 사람들은 몸을 피해 마을에 있던 용전교회(현재의 우치교회)로 대피하곤 했다고 한다.

"아이고, 말도 말어. 여름이믄 당연히 그럴 줄 알았응께."

"그람, 하늘이 허는 걸 우리가 어찌게 해 보간디. 그러니 허고 살아야제."

"용전교회가 아니었으믄 우리 동네는 수해가 나믄 어디 갈 디도 없어."

"그래서 촌 교회라도 교회 댕기는 사람들이 많애. 인자 100년 되았다고 허더만."

마을회관에 모여 기아 야구 경기를 시청하고 있던 김태랑 할배, 박성재 할배가 수해시절을 생각하며 한마디씩 거든다. 용전들노래가 전해지고 있는 마

용전들판과 마을

을이라, 소리 한가락 할 수 있냐고 여쭈니 "우린 몰라"하신다. 광주 시내에 산다는 지산농악보존회 회장(정영을)님이 잘 안다는 말도 덧붙이신다.

"그분이 농악이고 소리고 다 잘해. 그런 사람이 활동을 해야제, 우린 늙어갖고 인자 못해. 젊은 사람들이 물려받아야 할 건디."

설날이면 마을 어른들께 공동세배 전통 이어져

예전에 용전장이 들어섰던 장터거리로 가니 큰 버드나무가 있고 그 아래에는 2000년 2월 19일 주민들이 세운 '용전들노래기념비'가 용전들을 바라보고 서 있다. 벌판은 벌써 가을로 들어서 벼들이 고개를 숙였고 노랗게 익어가고 있다.

용전장이 있었다는 장터의 흔적은 이제 찾아볼 수 없다. 비단이 특히 많이 거래되어서 '비단장'이라고도 했다는데 20여 년 전까지만 해도 대장장이들이 가게를 서넛 운영했다고 한다. 넓은 평야지대라 농사에 필요한 농기구가 많이 생산되었을 것이다.

그렇게 왕성하던 용전장은 1970년대까지는 장이 섰는데 지금은 흔적도 없다.

용전들노래기념비

들노래기념비가 있는 버드나무 아래 평상에 앉아 들판을 바라보니 정말 넓다. 들판 가운데 있는 용전마을은 마치 넓은 바다 가운데에 있는 배 같다. 그래서 '해유海遊(풍수지리상 마을 지형이 배가 흔들리는 형국)'라는 마을 관련 기록도 보인다.

용전이라는 지명이 사용된 것은 1912년부터 확인된다. 대체로 이 무렵 용전마을 일대에는 용龍자가 들어가는 이름이 많이 생겨난다. 생룡마을, 용산마을, 신용마을, 용두마을, 오룡마을, 복룡마을, 용강마을, 용전마을, 거룡마을이다.

용전들노래 공연 중인 주민들

"여가 옛날에는 바다였는디 아홉 마리 용이 살았제. 그중에 용전마을 용이 가장 힘이 셌다고 그래, 들판 한가운데 밭에 있었응께. 다른 마을 비해서 우리 용전이 훨씬 크제. 그래서 용전이여."

'용전들노래보존회' 회장 표범식님을 만났다. 호탕하고 후덕한 인상의 회장님은 용전들노래가 광주시무형문화재로 지정받기까지 크게 기여를 했는데 앞으로 보존·전승·활성화하는데 고민이 많다고 하셨다.

용전들노래는 1960년대 말에 맥이 끊겼다가 지역민과 전문가들이 참여하여 2년간의 고증 끝에 1999년에 재현하였다. 그 뒤로 해마다 백중 무렵이면 용전들노래 재현행사도 개최하고 논농사를 짓기 위한 전 과정을 재현하여 관람객들이 체험할 수 있도록 축제화하는 행사도 해 오고 있다.

지역사회의 마당발이기도 한 표회장은 지산농협조합장, 주민자치위원장 등

옛 용전마을

을 역임하며 지역사회에서 여러 활동을 해 왔는데 올해 발간을 목표로 『용전』지리지도 만들고 있다.

"얼마 전에 원고를 넘겨줬네요. 우리 동네가 예부터 인물이 많은 동네요. 우리 어렸을 적에 동네 어르신들이 훌륭한 어른들이라고 허심서 마을 앞에 있는 비에 적혀진 명단대로 술잔 100개씩에다 모두 술을 따르고 공경하는 예를 치렀어. 그만큼 어른들을 공경했제."

공동세배

그래서 용전마을에서는 지금도 설날이면 어른들께 공동세배를 드리고 어르신 위안잔치도 벌인다.

"우리 동네야 물이 많은 동네제. 물도 좋았어. 저기 죽시봉 밑에 가믄 샘이 세 개가 있어. 어찌나 시원헌지 땀띠가 죽어분다는 쌍삼샘이 있었는디, 우리가 송장물이라고 험시롱도 맛나게 먹었제. 뒷산이 공동묘지였거든. 거기서 나는 샘물들이 흘러서 동네로 들어와 농사를 지서. 동네 슈퍼 앞에도 아랫데미샘이라고 있었고 원용전샘, 담안골샘, 천바굼 우물 같이 샘이 동네 안에 많았는디 지금은 모두 메워부렀제. 지금 생각흐면 아까워. 그대로 놓아둘 건디."

회장님은 마을에 있는 지산교회 100주년 행사에 마을 대표로 참가하여 축사를 하시기로 했다면서 급히 자리를 뜨셨다. 지산교회 주차장은 용전들노래를 재현하는 주 행사장으로도 쓰이는 공간이다.

한재장을 가기 위해 배로 건너던 용산나루터

마을 옆에 있는 용산강에 있었다는 용산나루터로 나가 보았다. 건너편인 담양 대치면에서 열렸던 한재장을 가기 위해서 주민들은 이 나루터를 이용해 배를 탔다고 한다. '째보'라고 불리는 뱃사공이 삿대를 저어 배를 운영하다가, 나중에는 줄을 당겨 건너다녔다고 하는데 지금은 그 흔적도 없다.

용산강에서 돌아와 다시 마을로 들어가는데 입구에 1988년에 지산농협에서 용전작목반을 위해 건립한 집하장이 크게 서 있다. 안에 작은 정자도 최근에 건립했고 평상에는 주민들 몇이 소주 잔술을 마시고 있다. 집하장이 건립된 이후 새벽이면 이곳에서 마을 농산물들을 가락동 시장으로 출하했다고 한다. 하지만 지금은 집하장역할을 못하고 있다.

"원래 집하장 만들기 전에는 여기에 큰 당산나무가 있었고 아래에 시정(정자) 한 동이 멋지게 있었제. 근디 일대를 정비하면서 싹 없애부렀어. 지금 생각흐믄 넘 아까와. 그대로 있었드라믄 우리 마을 보물일 것인디."

"예전에 사람이 죽으믄 집에서 장터거리로 갔다가 마지막에 여기 시정거리

로 와서 크게 노제를 지내고 마을을 나가서 장사를 했제. 그래서 다리 밑에 동
네 사람들이 공동으로 쓰는 상여도 있었어."

"여가 좋았제. 모래사장도 있었고. 들독(들돌)을 들고 시정을 한 바퀴 돈 사
람이 우리 동네 장사였어. 지금은 그 돌이 어디 가부렀는지 몰라."

들돌 들기는 본래 정월 보름날 당제를 지내고 하늘의 뜻을 알아보거나 다
산, 다복을 기원하면서 치르는 행사였지만 세월이 흐르며 농군들의 힘내기 시
합이 되었다. 들돌을 드는 정도에 따라 머슴의 등급을 구분하여 새경을 결정
짓기도 했다.

소주 잔술을 드시는 어르신들을 뒤로하고 마을로 들어와 조윤례 할매 집
으로 갔다. 할매는 막 썰어낸 호박고지를 마당에 널어 햇볕에 말리고 있는 중
이다. 텃밭에 자라는 무, 배추가 어찌 그리도 곱고 싱싱하게 잘도 자라는지 감
탄이 절로 난다. 헛간 지붕을 다 뒤덮은 호박 줄기 속에 노랗게 익어가는 호박
도 예쁘다.

호박 말리는 조윤례 할매

옆집에서 온 용전들노래보존회 회장님의 사모님이 가을배추 심는 방법을 할머니께 여쭌다. 할머니는 자상하게 이렇게 저렇게 심어라고 설명을 하시더니 알타리무를 한 움큼 솎아내서는 건네준다. 또 나를 보고서는 "뭐 줄 것도 없는디 어찌까" 궁리를 하시더니 아침에 주워왔다는 감이랑 고구마줄기를 봉지에 싸신다.

"물짜지만 맛나, 가져가서 잡사."

할머니 집 헛간채 위로 해가 진다. 인정이 다뿍한 봉다리를 들고 용전마을을 나온다.

조윤례 할매 집으로 가는 골목길

2부

산골에서
부르는 노래

숲 속 작은 마을에 봄이 오면

---

1. 830리 지리산길의 시작과 끝
[남원 매동마을]

바람이 차다. 지리산 속 달궁을 지나 어슬렁거리다 산내면을 지나는데 언뜻
눈에 띄는 간판이 있다. '퇴수정'이라는 작은 간판이다.

분명 '물러날 퇴退'자를 쓸 터. 그 물러난다는 말에 차를 세운다.

'물러나 수양할 만하다'는 퇴수정을 뒤로하고 자리 잡아

바람이 매섭다. 여기는 지리산. 날 선 산바람이다. 지나는 아이들에게 물어

퇴수정

산길을 내려가니 계곡이 숨어 있었다. 그 계곡
을 안고 퇴수정退修亭이 있다. 많은 사람이 찾아
드는 뱀사골 입구지만 여긴 여간해서는 사람
들 눈에 띄지 않을 것 같다. 과연, 물러나 수양
할 만하다.

지리산을 지나는 물길이 급하게 흐르다가
퇴수정 앞 암반 위에서 숨을 고른다. 뒤로 위
태롭게 솟은 암석이 버티고 있는 것이 가히 신
선의 짝이 될 만하다 하여 '반선伴仙'이라 했다
는 곳. 이곳에 잠시 앉으니 지리산이 품 안으로   퇴수정 앞 바위에 새겨진 글씨들
든다. 금강산처럼 수려하지는 않지만 "그 장엄
함으로 그 수려함을 감춰 버렸다"고 한 고은 선생의 말을 실감한다.

퇴수정을 뒤로하고 매동마을로 향했다. 남원 산내면 대정리. 지리산 천황봉
등 지리산의 능선이 한 품에 들어오는 마을. 풍수상 매화의 형국이라 매동이
라는 이름을 얻었다.

오래전에는 마을 왼쪽 능선에 고양이를 닮은 바위가 있어 '묘동猫洞'이라고
도 불렸다. 그런데 처음 이곳에 세거한 김해 김씨가 물러나고 달성 서씨들이
들어오면서 '쥐 서鼠'를 연상시키는 성씨인지라 고양이를 뜻하는 묘동이라는
이름을 바꿨다고 한다. 300여 년 전의 일이다.

퇴수정은 함양 안위에서 세거하던 밀양 박씨 집안 박치수가 조선말에 벼슬
에서 물러나 심신을 단련하기 위해 1870년에 지었다.

모든 농산물 유기농 재배하는 녹색농촌체험마을

85호 정도에 여자 31명, 남자 20명이 홀로 살고 있고, 70세 다 된 노인들만도 70명이 넘는 등 여느 시골 마을과 다름없는 곳이다. 마을을 몇 바퀴 돌아다녀도 사람 만나기가 쉽지 않다. 마을 회관으로 가니 문이 닫혀 있다.

모여서 놀 시간이 없단다. '지리산 길' 4구간 공사장에 일당 7만 원씩을 받고 모두 일을 나간다. 지리산 길 복원사업은 지리산을 끼고 있는 전남·전북·경남 3개 도가 참여하여 지리산의 옛 숲길을 복원하는 사업이다. 주민들의 삶의 터전이었던 '소릿 길'(주민들은 작은 길을 그렇게 부른다)을 찾아 전체 830리 길을 연결한다고 한다.

4구간 중 3구간은 복원이 되었다. 1구간은 매동마을에서 시작하여 함안군

매동마을

마천면 금계리 금계마을까지, 2구간은 금계마을에서 함양 휴천면 대동마을까지, 3구간은 남원 인월면 인월리에서 매동마을까지. 매동마을은 지리산 길의 시작이면서 끝인 곳이다.

매동마을 주민들은 그래서 요즘 바쁘다. 지리산 길을 찾는 사람들이 많이 온다. 2006년 녹색농촌체험마을로 지정을 받아 30여 가구가 참여하고 있다. 민박과 체험장 등을 운영하는데 점차 자리를 잡아가면서 참여하려는 주민들이 늘고 있다.

이 일을 주도적으로 이끌었던 이가 이길춘 전 이장님이다. 현재는 몸이 불편하여 물러나 있지만 부인 표철임 씨는 여전히 매동 부녀회장에 산내면 부녀회 감사까지 맡아 열심히 봉사하는 중이다.

지리산과 마을전경

얼마 전에는 서울시청과 계약을 해서 절임배추 2만 포기를 보냈다고 한다. 체험마을 내부 규약엔 마을에서 생산되는 모든 농산물은 유기농으로 재배한다고 명기돼 있다. 농약을 하지 않으니 매동 농산물은 인기가 좋다.

집집마다 목기 깎아 팔러 나가던 40리 소릿길

산내면에서도 입담으로 소문난 이길춘 전 이장님의 마을 자랑은 각별하다. 남원에서 가장 명당자리가 이 마을에 있으며, 그 자리의 주인은 옛날 마을 서당 접장(훈장)이었던 동복 오씨라고 한다. 마을 아이들을 위해 봉사하면서 홀로 살다 죽고 나서 주민들이 장사를 지내준 자리. 명당덕을 받았는지 이후

목기체험 재료

접장의 후손이 찾아와 묘역을 조성하였고 현재 인근 인월면에는 동복 오씨들이 많이 산다고 한다. 또한 박사, 고시 합격자, 교수, 은행장이 났으며 대기업 과장 정도는 꽉 찼고 선생은 수두룩할 만큼 인물이 많이 난 곳이라고 자랑은 잠시도 끊이지 않는다.

지금도 아쉬운 것은 이름을 날렸던 '매동 목기' 만드는 일을 계속하지 못한 것이다. 예전에는 집집마다 목기를 깎아 경남 마천장까지 40리 소릿길을 가서 팔았다. 매동 목기가 유명했던지 일제강점기 때에는 인근 산내면에 '전라공업 기술중학교'를 만들면서 목기공장도 세워 동네 사람들을 불러다가 목기를 만들었다 한다.

지금은 작고하셔서 무형문화재 지정이 해제되었지만 목기장 2명이 매동에

살았다고 그러던 것이 40여 년 전부터는 목기를 만들지 않게 됐다.

목기는 주로 '산태'라는 나무로 만드는데 당시 산림법이 만들어지면서 지리산에 널려 있던 나무를 베면 법에 처벌을 받게 되니 목기를 만들 수 없게 된 것이다. 그나마 다행인 것은 마을에 있는 체험관에 목기 깎기 체험이 있어 마을의 주 수입원이었던 목기를 이해하고 배우는 기회라도 있다는 것이다.

"이층으로 된 우리 집도 우리 집사람이 목기 장사해서 번 돈으로 세운 집이여."

함양 마천에서 시집온 부녀회장님은 전국으로 목기를 내다 팔았는데 특히 포항에서 목기 장사를 하여 돈을 벌었다.

지리산길 입구 표지판

"일은 이 사람이 다했고, 난 1964년부터 이장 일 흠서 술 먹고 노는 일밖에 없었어."

부녀회장님께서 차려준 완전 자연산 저녁 식사까지 대접받고 나서니 지리산 산골 마을에는 이미 저녁이 찾아와 있다. 지리산 소릿길이 시작되는 초입에도 어둠이 내리고 황색 가로등이 불을 밝혔다. 그 길로 주민들은 이른 새벽 목기를 이고 지고 40리 소릿길을 따라 장삿길을 떠나고 돌아왔을 것이다. 사람은 갔어도 이 길을 오갔을 많은 사람의 발자국은 지워지지 않고 남아 있을 터이다.

매동마을 소나무

2. 각시바우 전설 흐르는 금강 끼고
[무주 봉길마을]

정말 첩첩산골이다. 그래서 무진장이라고 했던가.

용담댐을 지나 구불구불 금강을 따라 산길을 가다 무주 부남면 소재지에 들려 늦은 점심을 먹고 가니 봉길마을이라는 작은 표지판이 보인다. 고개를 넘어서니 제법 넓은 강변이 나온다. 부남면 대유大柳리 봉길鳳吉마을이다.

강변에 길게 활처럼 휘어진 절벽군이 선경이다. 그 중 우뚝 솟은 바위가 눈에 띈다. 전설로 간직할 만한데 아니나 다를까 주민들은 '각시바우'라고 한다.

봉길마을에 시집온 뒤 아이를 낳지 못해 구박받던 며느리가 강 건너 벼랑에서 기도하다가 솟아오른 바위라고도 하고, 일대가 선경인지라 천상의 선녀가 목욕하려 내려왔다가 옷을 잃어버려 하늘로 오르지 못하고 하늘을 그리워하다 바위가 되었다는 전설도 전한다.

그럴싸하다. '각시바우' 앞에는 선녀가 목욕했다는 '각시소'가 있기도 하다. 그 각시바우에는 사람이 드나들 수 있는 큰 구멍이 뚫려 있다. 일제강점기에 일제는 용담면 일대 금강 상류의 물을 끌어다 부남면 굴암리의 넓은 들판(대뜰)에 농수로 대기 위해 주민들을 동원하여 굴을 뚫었다고 한다.

금강과 각시바우

금강

　이 농수로는 금강변 낭떠러지를 따라 길게 형성된 비탈길로 연결되었는데 주민들은 '벼룻길', '보뚝길'이라고 부른다. 이 길이 세월이 흐르면서 대소마을, 봉길마을, 율소마을로 이어지는 지름길로 자리를 잡았다. 면 소재지인 대소리에 오일장이 서면 장 보러 가는 '나드리길'이 되었고, 아이들한테는 학교로 가는 '학교길'이 되었고, 이웃 마을로 건너갈 때는 '마실길'이 되었던, 실핏줄처럼 연결된 소통의 길이었다.

　여전히 주민들의 삶 속에 살아 있는 이 길은 지금 트레킹 코스가 되어 주말이면 외지 사람들도 제법 많이 찾는다.

　그런 길목인 금강변에 펼쳐진 봉길마을은 조항산을 품에 안고 있다. 그렇듯 산자수명한 마을이건만 주민들은 고작 아홉 가구. 그중 세 가족만 원주민이고 여섯 가족은 외지에서 주말에만 왔다 갔다 하는 사람들이다.

금강변 낭떠러지 따라 '벼룻길', '보뚝길'

봄비는 촉촉하게 내리고 마을은 한없이
고요하다. 허물어지려는 빈집을 돌아서니 정
명자 할머니가 우산을 쓰고 한뎃부엌에서
일을 하고 있다.

정명자 할매

"허리에 좋다고 해서 까시나무랑 여러 가
지를 삶아서 조청을 좀 내봤어."

할머니는 여전히 허리를 곧추세우지 못하
고 구부정하게 우산을 받쳐 들고 왔다 갔다
분주하다. 대전에서 공장을 다니는 큰아들
이 휴일이라고 와서 오전에 포도밭에 거름도
내고 일하다가 비가 와서 일찍 돌아가고 혼
자 남아 있다고 한다.

인삼밭

"인자 나이 들어서 일도 못 해. 땅 쫌 있는
거 큰아들 것인디 그것도 내놔서 삼밭(인삼
밭)으로 치고 있어."

마을 앞 금강변 비옥한 땅은 대부분 인삼밭으로 이용되고 있다.

"나가 스무 살 때 충청도 금산 부림에서 가마 타고 시집을 왔는디 참으로
이쁜 동네입디다. 없는 살림에 어딜 가도 못허고 여기서 계속 농사짓고 살았
제."

갈수록 비가 더 내린다.

"참 좋은 비가 오네."

쌀쌀한지 할머니는 팔짱을 끼신다.

"우리 동네는 쪼오 '새벗닥거리'를 돌아서 있는 유동마을허고 한 동넨디 동네가 작다고 다리도 안 놔주네. 그래서 회관도 없고 유동에가 (회관이) 있는디 멀어서 안 가."

할머니는 집 처마 밑 빨랫줄에 옥수수, 하늘수박, 콩, 대추, 씨앗이 든 망을 걸어 놓았다. 이제 저 씨앗들이 기름진 땅에 곧 심어지고 싹이 나겠다.

김우철 할배

마을 울력으로 놓던 섶다리의 추억

강변 가까이 자리 잡은 집 앞에 캠핑카도 보여서 가보니 봉길마을 본토박이라는 김우철 씨 집이다.

"대소리 장에라도 한번 갈라믄 '아랫벙거지'로 삥 돌아가야 헌께 동네 사람들이 요 '새벗닥거리'께다가(쯤에다가) 나무다리를 놨지요. 지금은 없어요. 섶다리를 만들라믄 구멍이 뚫린 멍에 1개, 다릿발 2개, 내망 4개가 있으면 바로 1칸 섶다리가 돼요. 그렇게 해서 우리 동네는 9칸이나 10칸을 만들어요. 1칸을 집집마다 책임지고 만들지요. 끝에는 돌을 쌓아서 마무리를 흐면 제법 튼튼해서 사람들이 건너다니고 했는디 주로 춥기 전에 가을에 만들어요. 그렇게 사용하다가 장마 때믄 떠내려가요. 그러면 다시 가을에 또 만들고. 그래서 다리가 떠내려가믄 사람들은 떠내려간 다리를 주서놨다가 또 쓰고 재활용을 했어요. 우리가 30대까지만 해도 걸어서 다녔어요. 무주장을 갈라믄 여기서 물을

6번을 건너가야 했어요. 다리를 6개를 건넜는디 '아릿뱅거리 다리' '3구암리 다리' '4구암리 다리' '담구 다리' '용포리 다리' '사살 다리' 이렇게 6개 다리를 걸어서 40리 길 장엘 다녔어요."

토박이답게 그이는 품고 있는 이야기가 많다.

"우리 동네는 섬 아닌 섬마을이라 면사무소나 학교를 한번 갈라믄 '개구석' 모퉁이를 돌아서 '뱃마기'에서 40명~50명씩 나무배를 타고 건너갔어요. 유동 사람들, 봉수 사람들, 댓길 사람들도 다 그 배를 타고 댕겠는디 대를 이어서 노를 저었던 뱃사공한테 배삯으로 1년에 보리 한 말씩 줬는디 돌아가는 것보다 배를 타고 가믄 훨씬 가까웠어요. 70년대까지만 해도 다른 사람이 운영을 했는디 다리가 놔지면서 없어져 불었어요."

그이는 마을 앞 금강에서 고기를 잡을 때나 쓴다는 함석배를 가리키며 긴 대나무로 만든 노를 젓는 동작을 선보인다. 대나무 끝에 달린 쇠꼬쟁이를 가리키며 "이것이 있어야 대나무가 물 속으로 잘 들어가고 땅에 잘 박혀서 노를 젓기가 편해요"라고 설명해 준다.

함석배

"우리 아들이 유치원 다닐 때도 이 배를 썼는디 지금은 고기 잡을 때나 써요."

13대째 봉길마을에서 살고 있는 그이는 마을 안쪽에 있던 집이 9년 전 이명박 정부 시절에 4대강 사업과 함께 진행된 금강변 정비사업에 포함되어서 팔고 이곳으로 터를 옮겼다. 이제는 무주군의 부남금강변 관광사업 대상지로 포함돼 또 집이 옮겨질까 걱정이다.

그이는 당신이 살았던 옛집으로 가더니 기둥에 걸린 '오릿대' 그물을 가리킨다. 한여름이면 동네 사람들이 마을 앞의 강으로 나가 천렵을 할 때 미리 그물을 치고 반대편에서 이 '오릿대'를 양쪽에서 잡고 서로 당기면서 고기를 몰아 고기를 잡았다.

그물이 움직이면 마치 물 위에 떠 있는 오리가 오리발을 움직이는 것처럼 보여 '오릿대'라고 부른다고 했다. 지금은 거의 쓰지 않는 물건이지만 강변 마을 주민들의 삶과 관련된 매우 중요한 생활유물이다.

나루터가 있었다는 '뱃마기'

죽담팔경

동네 뒷산인 날망길을 따라 예전에 섶다리를 놓았다는 '새벗닥거리'로 갔다. 강을 따라 마을 사람들이 다녔던 길이 어렴풋이 보인다.

다시 웃뱅거리를 지나 마을로 들어오는 아랫뱅거리로 나갔다. 그길로 마을 뒷산 '날망길'로 빙 돌아 나루터가 있었다는 '뱃마기' 쯤에 와서 마을을 내려다보니 금강은 봉길마을을 안고 U자로 확 휘어진 활처럼 휘돌아 간다.

울고 왔다 울고 간다는 부남면 깊은 산속. 나루터는 없어지고 대신 다리가 놓인 이곳에는 1999년 8월 1일 세운 죽담팔경竹潭八景비가 금강을 내려다보고 서 있다.

금강변 날망길

'병풍바위에 달 떠오르니 흩날리던 눈보라 장관이고   병암설월 屛岩雪月
계당과 단천이 곁들였으니 궁궐에 든 기분이고   계당단천 桂堂丹泉
문바위 맑은 물에 햇살 비치니 천혜의 절경 눈부시고   문암반조 門岩返照
죽담 폭포수 흩날리니 물보라 속 무지개 선경이고   죽담폭포 竹潭瀑布
울창한 숲속에 범바위는 신선이 내려와 놀다가고   봉래강선 蓬萊降仙
저문 날 안개비 자욱한 봉은 삿갓 쓴 나그네 같고   입봉모우 笠峯暮雨
저녁 어스름 속 금강은 고기 잡는 햇불 꽃밭이고   금강어화 暮江漁火
우뚝 솟은 지장산은 상서로운 구름이 돌아서 오네'   지장귀운 智藏歸雲

3. "나무 한 짐씩 이고 지고 두리봉을 빨래줄처럼 내려왔어"
[완주 오성마을]

우리나라 8대 오지 중 하나라는 완주군 고산면 대아리로 가다가 길을 멈춘다. 노령산맥의 깊은 골짜기, 이런 오지가 없겠다 싶은데 웬걸! 이런 곳에 갤러리가 있다. 완주군 소양면 대흥리 오성五城마을. 옛 지도에도 선명하게 나와 있는 오도치五道峙 초입에 만경강 지류인 소양천을 바라보고 들어앉은 갤러리가 이색적이면서도 그림 같다. 가서 보니 휴일이라고 젊은이들이 왕래하고 그림 또한 볼 만하다.

마을 입구 오성상회에 앉아 있는 할머니들에게 미술관에 가 봤냐고 물으니 왈,

"먹고살기도 바쁜디 언제 거길 가 봤것어!"

"택도 없는 소리. 미술관하고 우리하곤 아무 상관 없어."

마을 앞 소양천

오지마을에 이렇게 번듯한 갤러리가 있고 그래서 외지 사람들이 모여든다면 마을 사람들의 삶에 약간의 변화는 있었겠지 했던 내 생각과는 다른 대답들이었다. 그렇다고 하여도 오성마을 뒤 오도치 계곡에 앉은 갤러리는 자연과 어우러진 품새가 퍽 아름다웠다.

다섯 명의 큰 인물이 나서 '오도치'

오성마을은 원래 외성外城마을이었다. 마을 위에 있는 위봉산성의 바깥에 있는 마을이라 하여 붙은 이름이다.

전주 8경의 하나인 위봉산성(사적 제471호)은 변란이 일어나면 주민을 대피시킬 목적으로 산세가 험준한 이곳에 쌓은 포곡식包谷式(산의 봉우리와 계곡을 이용해 성을 쌓는 방식)산성이다. 1675년(숙종 1)부터 쌓기 시작해 8년째인 1682년(숙종 8)에 완성했는데, 당시의 규모는 너비 3m, 높이 4~5m, 길이 16㎞에 이르렀으며 성안에는 4~5개의 우물과 9개의 못을 팠다 한다. 지금

오스갤러리

위봉산성 입구

은 성벽 일부와 전주로 통하는 서문만이 남아 있다. 다른 산성과는 달리 군사적 목적뿐만이 아니라 유사시 전주 경기전에 있는 태조 이성계의 영정을 모시기 위한 행궁을 성 내부에 두는 등 조선 후기 성곽 연구에 귀중한 자료가 되고 있다 한다.

마을은 위봉산성을 넘어가는 도실봉을 뒤로하고 앞으로 우뚝 솟은 종남산을 끼고 앉은, 그래서 고개를 들어야만 하늘을 볼 수 있고, 겨울이면 오후 3시면 해 떨어지고, 낮 10시 되어야 해가 뜨는 오지 중 오지마을이다. 아무리 둘러보아도 전답이라곤 보이지 않는다. 이런 척박한 곳에서 산다는 것이 쉬운일이 아닐 터.

아니나 다를까 마을 사람 만나기가 우선 쉽지 않다. 10여 년 전에야 도실봉

위봉산성

오성마을 전경

으로 넘어가는 길이 포장되었을 정도로 오지인 마을은 현재 25가구에 60여 명이 살고 있는데 대부분 외지에서 몇 년 사이에 들어와 사는 사람들이다. 그들 또한 산장 등 식당을 운영하면서 산다. 그래서 마을 같지 않고 위락단지 같은 느낌이 들기도 한다.

다시 마을 가게로 들어가니 또 왔느냐며 할머니 몇 분이 웃음으로 맞아 준다. 전답이라곤 없고 산 만 있는 이 척박한 곳에서 먹고산다는 일이 쉬운 일은 아니었을 터. 더욱이 앞산, 뒷산 대부분이 국유림이어서 쉽게 이용할 수 없는 처지인지라 길거리에 앉아 지나는 사람을 대상으로 장사라도 하지 않으면 안 되는 동네였다. 이 마을에 산장이 많은 이유다. 마을 사람 몇은 오도치 고랑에서 고시원을 운영하면서 살았는데 지금은 모두 폐쇄되었다. 요즘이 어떤 세상이라고 이 깊은 산골짜기에서 연탄불 갈아가면서 고시 공부를 하겠는가. 고시

원 대신 높은 십자가를 단 기도원만 깊은 산골짜기를 지키고 있다.

오도치는 다섯 명의 큰 인물이 났다 해서 붙여진 이름인데, 위봉사, 송광사, 태조암, 봉서사, 한장사를 세운 큰스님들이 그분들이다. 이중 한장사만 현재 확인이 되지 않고 있단다. 이런 큰 분들이 이 꼬랑 오도치에서 났고, 사시 합격자와 행시 합격자가 매회 나왔다고 하는데 그 많은 고시 합격자 중에 오성마을 출신은 하나도 없단다.

"넘 동네 좋은 일만 시켰제!"

오성상회 할머니의 말속에는 인생의 체념까지 담겨 있는 듯하다.

평생을 절벽 같은 산에 올라 나무하고 나물 뜯고

소양면 소재지에서 태어나 21살 때에 시집을 와서 50여 년 동안 안 해 본 장사가 없다는, 절대 이름을 밝히지 않은 전주 이씨 할머니는 예전과는 달라진 인심이 안타깝다 하다.

"전에는 묵고 살 것이 없응게 산에 가서 나무 해다가 장작 패서 내다 팔고 살았제. 요 아래 송광면에 가서 죽 한 그릇하고 바꿔 묵고 그랬어. 동네사람들이 모다 그러고 살았어. 묵고 살 것이 있어야제. 해넘어가믄 여자들이

오성상회의 전주 이씨 할매

고 남자들이고 간에 나무를 한 짐 씩 이고 지고 두리봉을 빨래줄처럼 내려왔어…. 그래도 예전에가 살기 좋았던 것 같애. 집안 문 열어 놓고 친정집에 며칠

마을 안 외성 석축

갔다와도 그대로 있었어. 죽이라도 서로 나눠 묵고 했는디…."

　현재 25가구 중의 5가구만이 3~40년을 넘게 살았던 사람들이고 나머지는 모두 최근에 들어와 산다는 오성마을. 가난하여 마을회관도 없는 마을. 전주 이씨 할머니에게 마을 자랑을 해 달랬더니 한마디로 "없어!" 하신다.

　산이 좋다거나 물이 좋다거나도 아니다. 하긴 평생을 절벽 같은 산에 올라 나무하고 나물 뜯고 하던 산 아닌가. 어쩌면 삶의 무게만 안겨주었던 웬수 덩어리 같은 산일 터이니 산 좋단 말은 아니 나올 수밖에.

　"공기는 좋제."

　슬쩍 말을 보태는 할머니는 원래 오성마을에서 살았는데 지금은 소양면 소재지로 이사 갔다. 그래도 자주 오성마을로 놀러 온다.

담장으로 쓰는 외성 석축

　가게를 나와 마을 안으로 들어서는데 마을 입구 모정에 아까부터 자리 펴고 앉았던 이들이 여태껏 그 자리에 있다. 하긴 외지인에게는 이곳의 푸른 산천이 얼마나 신선하겠는가.

　마을 안에는 외성이라는 마을 이름답게 석축이 그대로 남아 있다. 현재는 집 돌담으로 쓰고 있지만 엄연한 산성의 흔적이다.

　마을 뒤 위봉산성에 오른다. 마을을 내려다보니 숲인지 마을인지 구분이 되질 않는다. 나무인지 사람인지 구분을 할 수 없다. 그렇게 오성마을은 자연 속에 꼭꼭 숨어 있었다.

4. "아따 소지가 잘 올라간 것 봉께 올해도 풍년 들것네" [화순 우봉마을]

온 세상이 신종 코로나바이러스 때문에 난리다. 그래도 계절은 오가는지 입춘도 지나고, 정월대보름이다. 2020년 새로운 10년의 마지막이자 처음인 경자년 정월대보름. 신종 코로나바이러스 때문에 모든 행사가 취소되더니 급기야 우리 민족의 절기에 따른 민속 행사도 줄줄이 취소되었다. 지금까지 한해도 거르지 않고 정월 대보름이면 마을마다 벌어지는 각종 민속행사를 현장 조사했는데 올해처럼 민속행사가 취소되는 경우는 처음이다.

"6·25 그 난리 때도 당산제를 모신 동넨디 안 하면 안 되제"

대부분의 마을은 올해 당산제를 안 하기로 했다는데 우봉리에서 걸려온 보존회 회장님의 전화는 반갑기 그지없다. 역시 우봉마을이다 싶었다.

그래서 퇴근하자마자 카메라를 들고 마을로 갔다. 어두워지는 마을은 사위가 조용하다. 당산나무를 중심으로 금줄이 걸쳐있다. 당산 거리 가운데에 장작 나무가 쌓여 있다. 오늘 저녁 당산제를 모실 동안 불을 밝힌 장작이다.

400여 살 된 커다란 당산나무

화순군 춘양면 우봉리 우봉 牛峰마을은 인동에서는 제법 큰

우봉리 당산제를 지내기 위해 모인 주민들

당산제를 지내기 전 당산나무에 고하는 주민들

마을로 단위 마을이다. 원래는 우메기라고 불렀다고 하는데 한자화 되면서 소 우牛에 뫼산山 즉 산의 뜻을 가진 산봉우리 봉峰을 써서 우봉마을이 된 것이 다. 최초의 기록을 보면 1789년《호구총수》에 상우촌上牛村으로 나온다. 그리 고 1912년《지방행정구역명칭일람》에 부춘면 우봉리牛峰里로 1914년에 현재와 같이 춘양면 우봉리로 나온다.

　마을 뒤로는 용암산이 있고 마을 앞으로는 지석강이 흘러가는 전형적인 배산 임수 마을이다. 마을 앞에 넓게 펼쳐진 신야들은 '신야들에서 나는 쌀을 묵으믄 시체도 무겁다'라는 말이 있을 정도로 지석강변의 기름진 들판이다. 그 들판으 로 나가기 전에 마을 앞 넓은 당산 거리에는 400여 살 자신 큰 당산나무가 마을 을 안고 멋지게 서 있다. 부곡리로 넘어가는 산등에는 침수정이 마을과 신야들

그리고 멀리 지석강과 그 너머 예성산과 속금산을 시원하게 내려다보는 동네다.

회관으로 가니 홍기수 이장님 혼자 계신다. 아직 어르신들은 회관으로 나오시지 않은 모양이다. 배가 출출하여 부녀회장님이신 유동댁네로 갔다. 회장님은 토란나물, 집장, 귀한 해우김에 찰밥을 한상 내어주신다. 평소 유동댁의 손맛을 맛본 터에다가 시장하여 어찌나 맛나던지 참으로 행복한 경자년 정월 열사흗날 밤 밥시간이다.

마을회관에 모인 신발들

당산제를 올리는 홍목희 어르신

저녁을 얻어먹고 마을 회관으로 나가니 오늘 당산제에 참여하는 어른신들과 할매들이 나와 계신다. 당산 거리에 장작이 타며 따뜻하게 모닥불이 활활 타오른다. 회관으로 들어가 벽에 붙은 '경자庚子(이천이십년二千二十年) 정월십오일正月十五日 우봉리牛峰里 당산제堂山祭 제관祭官 향사천정享祀薦定'을 보니 초헌관 홍용선, 아헌관 홍국식, 종헌관 기윤근, 진설 홍옥희, 집례 홍목희, 축 홍기수, 찬인 홍정식, 봉향 오공임, 봉로 홍문희, 사준 박재순, 봉작 공맹임, 전작 민민님, 제유사 이납순이다. 특이하게 낯익은 할매들 존함도 보인다.

"인자 사람이 없어. 우리 부녀들도 수고를 허는디 당연히 이름 석 자 올려야제."

제관록을 멋지게 쓰신 분은 홍목희 어른신이다. 해마다 정월 초하루를 지내면 마을 노인회 주관 동회를 열어서 제관을 정한다. 이때 기록을 맡으신 분이 홍목희 어른신이다.

"목희 아제 아니믄 쓸 사람이 없어."

"그전에는 남평 문씨 문재선 어르신이 썼어. 진작에 작고허신 분이여. 짤록짤록 다리를 저는 양반이었는디 그 양반이 제관록을 썼제. 그때 어깨너머로 배운 것이제. 그 어르신 돌아가시고 나서 부텀 지금까지 쭉 나가 썼는디 그때가... 하도 오래되어서 생각도 안 난디. 한 40대쯤 되었을 것이여."

그렇게 오랜 세월 마을과 함께 살아오면서 한해도 빠지지 않고 정성스럽게 모셨던 당산제였다. 그런데 요즘엔 목희 할배도 힘에 부친다.

"나가 작년에 화순 장에서 넘어져 갖고 허리를 다쳐서 힘이 없어. 이것도 간신히 썼구만. 해마둥 허는 것이라 그래도 해야겠길래 쓴 것인디 인자 힘이 없어 벽에 붙이질 못해."

"동네 한 바쿠 돌아보세."

저녁 8시가 넘자 꽹과리를 든 홍옥희 어르신이 나선다. 징은 홍정덕 어르신이 북은 홍문희 어른신이 부쇠는 광주에서 직장생활을 하다 은퇴를 하고 고향으로 돌아와 이장 일을 맡은 홍기수 어르신이 같이 따라나선다. 농악을 치면서 당산나무를 세 번 돌고 나서는 당산나무에 절하고 마을을 돌기 위해 골목으로 들어선다. 농악대가 어두운 골목을 돌아 당산 거리로 돌아오니 회관에 있던 홍목희 어르신이 쇠를 잡는다. 문 앞에 앉아 문밖에서 들리는 쇳소리에 맞추어 쇠를 친다. 홍목희 어르신은 평소에 마을 상쇠였다. 흥이 많으신 분이라 농악만 쳤다 하면 펄쩍펄쩍 뛰어다니신 분이다. 그런 분이 허리를 다쳐 움직이질 못하고 저렇게 앉아 있으니 얼마나 답답했을꼬.

동네를 도는 농악대

　마을을 한 바퀴 돈 농악대가 회관 방에 모여 단밥(식혜)을 마시면서 간식을 먹는다. 그때 젊은 남자가 건넛방으로 들어간다.

　"화순교통 버스 기사여. 여기서 자고 내일 새벽 5시에 나가. 여기가 좋아서 저기 용곡리에서 출발허는 버스 기사도 여기 회관에서 자. 방 따뜻흐고 뜨뜻흔 물 나오고 흔께 여기가 좋다고 여기 와서 자고 가. 버스회사에서는 동네 회관 전기세를 절반 내주는 조건으로 흐제. 우리 동네만큼 좋은 디가 없어."

　마을 회관 앞에 화순교통 버스가 주차해 있다. 젊은 기사는 한번 나와 볼 만도 한데 자는지 조용하다.

　그렇게 따뜻한 방에 앉아서 고사리나물 등 간식을 먹으며 9시 뉴스를 보고 나니 "인자 유사 집에 가서 젯물 가져와야제" 역시 홍목희 어르신이 챙기신다.

당산제는 경건하기만 하다.

다시 농악을 치면서 전 부녀회장님댁인 이납순 양정댁네로 간다. 양정댁네 대문에 새끼줄로 금줄이 쳐져 있다. 잡것들은 들어오지 말라는 뜻이겠다. 양정댁이 정성껏 준비한 젯물을 고운 보자기에 싸서 거실에서 내온다. 거실 가운데에 쌀을 고봉으로 담은 밥그릇에 꽂은 촛불이 곱고 환하게 타고 있다. 양정댁이 금줄 밖 대문 앞으로 젯물을 옮겨놓자 이장님이 차를 가져와서 함께 옮겨 싣고 당산 거리로 간다. 농악대는 뒤따라 농악을 치면서 간다.

젯물이 당산 거리에 도착하자 할매들이 나와서 보자기를 풀고 젯물을 나른다. 허리를 다쳐 구부정한 홍목희 어른신이 젯물을 잘 진설하도록 감독한다. 그 사이에 제관들은 회관으로 가서 제관복으로 갈아입는다. 홍목희 어르신도 유건을 쓰고 집례록을 들고 정자 마루에 걸터 앉는다. 그리고 집례록을 읽기 시작한다.

"2020년 경자년 화순군 춘양면 우봉리 우봉마을 당산제 초헌관."

그렇게 당산제를 다 모시고 나자 "인자 음복을 하세. 이리들 오소" 하시면서 어르신이 나에게 생밤을 하나 손에 쥐여 주신다. 음복하고 주민들이 소지를 올린다.

소지 올리기

"올해도 우리 동네 주민들 모두 무사하고 건강하게 해 주시고 우리 동네 풍년들게 하옵소서."

젯물을 준비한 양정댁이 소지를 올리며 정성스럽게 기도 올린다.

당산제상

"아따 소지가 잘 올라간 것 봉께 올해도 풍년 들 것네."

당산제가 끝나자 젯물을 정리하여 모두 마을 회관으로 들어간다. 오늘 당산제에 참여한 모든 사람이 모여서 음복을 하는 것이다.

제상을 받은 당산나무가 우람하게 모습을 드러낸다. 올해도 봄이 오면 저 당산나무는 푸른 신록으로 가득하리라. 그리고 그 밑에서 주민들 풍년가와 농악 소리 힘차게 울려 펴질 게다.

입춘대길

3부

사람 냄새나는

아름다운 마을들

못난 것이 마을을 지킨다는데

1. 이웃과 더불어 웃고 울며 세상을 경작
[장흥 청룡마을]

요즘 같으면 시골 마을 가기가 민망할 때가 많다. 농사일로 한창 바쁠 때인지라 붙들고 말씀 여쭙기도 죄송스럽기만 하고 모두 들로 산으로 일하러 가는 바람에 마을에 사람이 없는 까닭이다.

그래도 걸음은 오늘도 마을로 향한다. 가지산 너머 장흥군 장평면 봉미산 자락에 자리한 청룡靑龍리 청룡靑龍마을.

뒤로는 봉미산이요 서로는 큰 음당골을 사이에 두고 부어등이 그리고 멀리 가지산이 마을을 감싸고, 동으로는 음당골을 사이에 두고 야트막한 안산이 마을을 감싸고 남으로는 멀리 용두산이 떠억 버티고 앉았으며 마을 앞

청룡마을 마을회관과 당산거리 정자

으로는 장평천(마을 사람들은 죽천이라고 부른다)이 서에서 동으로 흘러가니 전형적인 배산임수의 마을이다.

논밭 갈며 새싹 같은 소망을 키워낸 둥지

마을 앞 북포들과 가리데들을 지나가니 소나무로 둘러싸인 작은 민묘가 있고 마을 당산 숲이 반긴다. 마을을 위해 논 800평을 희사한 용강 강내회의 공적비 옆 당산 숲 아래 2006년 4월에 청룡리 마을회관을 건립하면서 이정우라는 분이 남긴 비가 있다. 내용을 읽으니 참으로 절절하다.

이정우님이 남긴 비

'여기 푸른 용의 언덕, 청룡마을이 있습니다. 아이를 기르고, 논밭을 갈면서 새싹 같은 소망을 맑디맑게 키워낸 우리들의 둥지입니다. 한 뙈기의 땅과 한 그릇의 쌀밥을 얻기 위해 이웃과 더불어 웃고 울면서 세상을 경작했던 너와 나의 일터입니다.

여기 푸른 용을 닮은 청룡사람들이 있습니다. 꿈을 좇아 어떤 이는 도회지로 제 둥지를 옮겼고, 또 어떤 이는 더 깊고 단단하게 마을의 일터에 뿌리를 내렸습니다. 떠난 자, 남아 있는 이를 모두가 푸른 용이 낳고 봉미산이 길러낸 청룡사람들입니다.

청룡은 청룡사람들의 고향입니다. 고향에 관한 기억이 늘 아름다운 것만은 아닐 터입니다. 누구에게나 좋고 나쁜, 혹은 즐겁거나 슬펐던 일들이 가슴 한쪽에 아리게 간직되어 있을 것입니다.

하지만 고향은 변함없이 그 자리를 지키고서 청룡사람인 당신과 당신의 가족까지를 어머니의 보드라운 품, 아버지의 든든한 어깨가 되어 따뜻하게 품어줄 것입니다. 당신이 청룡사람이기 때문입니다…'

한말의병과 한국전쟁 흔적 담긴 초장골

'장평에서는 돼지농장 꿈도 꾸지 마라'는 현수막을 지나 마을로 들어가니 오래전에 문 닫은 동네 구멍가게가 있다.

여닫이문은 커튼이 쳐진 채 닫혀 있고 우체국에서 달아 놓은 '우표 간판'이 곧 떨어질 듯 위태롭게 붙어 있다. 마을이 150여 호 되고 사람이 많을 때는 오가는 사람들이 막걸리라도 한 잔씩 하면서 쉬어가던 사랑방이었다는데 지금은 흔적으로만 간신히 버티고 있다.

청룡리라 부른 것은 뒷산이 봉미산鳳尾山이니 봉鳳과 용龍이 짝을 이루어서 청룡이라 하였다. 혹자는 마을이 배 형국이라 하여 주리舟里라고도 불렀다.

그래서 마을 안에는 우물을 파면 배 밑창에 구멍이 나게 되어 배가 침몰하듯이 마을이 좋지 않다고 하여 지금도 샘을 파지 않는다고 한다.

마을 이름이 '청룡리'라고 처음 기록된 것은 《호구총수》에 나온다. 다만 마을에 전해지기를 1900년대에 현재의 마을이 형성되었다고 하는데 인천 이씨인 이록수가 산세가 좋아 입촌하였다고 하고 그 후 광산 노씨가 입촌하였다 하나 기록은 없고 주민들 사이에서 전해질 뿐이다.

마을 뒤로 가니 초장골이 있다. 1909년에 의병장인 심남일(1871~1910) 부

마을 사랑방이었지만 지금은 문이 닫혔다.

대가 이끄는 60여 명의 의병이 초장골에서 은거하고 있다가 당시 마을에 있던 헌병 파견소를 급습하기도 했다. 또 한국전쟁 당시에는 초장골에 은거하고 있던 '잔비殘匪'를 소탕한다는 명분으로 150호 중 두 집만 남기고 불을 질러 마을이 소실되어 화를 당하기도 했다.

"똥값이 돼도 농사는 지서야제"

마을은 조용하다. 마을 앞 북포들 가리데들에서 트렉터가 모판을 만드느라 분주하게 오갈 뿐이다.

"사람이 뭐 흘게 있가니. 기계가 다 알아서 흐제."

오래된 옛집 지붕이 보여 들어간 골목 끝 집에서 만난 노병채 할아버지의 말씀이다.

노병채 할아버지, "로타리 쳐 났다고 해서 한번 나가 볼라고."

  "마지기당 로타리 치는 디 4만 원, 모심는 디 9만 원, 나락 비는 디 4만5천 원, 몰리는(말리는) 디 2만5천 원 해서 마지기당 150만 원 잡아야 농사 져(지어). 자식들이 다섯인디 같이 노놔 묵고나 살것다고 짓제, 돈이 되간디. 힘에 부쳐서 요것도 올해까지만 흐고 내년까지는 못 흐것소."

  할아버지는 정부 보조도 없이 건조기도 직접 설치하여 40마지기를 농사지을 때도 있었지만 얼마 전에 경운기 타고 집에 들어오다 벽을 박는 바람에 손목을 다쳤다고 한다.

  "차는 사고가 나믄 멈추기라도 흐는디 요놈의 경운기는 자빠져도 끄지 않는 이상은 한허고 가요. 그러다가 사람도 간단 말이요." 하면서 손목을 만져보는 할아버지.

  "로타리 쳐 났다고 해서 한번 나가 볼라고."

할아버지는 나가는 길에 전동차에 비료라도 싣고 가려고 다친 손으로 비료 한 포대를 싣는다. 시골 여느 집과 마찬가지로 할아버지 집 마당에도 모판의 모들이 가득가득 자라고 있다.

"똥값이 돼도 농사는 지서야제. 어찌게 땅을 놀려."

무너진 담장 뒤로 감자며 상추가 푸르게 자라고 있는 골목길로 들어가니 담장도 없는 마당에는 콩이며 상추가 난 집이 있다. 보성 노동면 정동이라는 마을에서 17살 되던 해에 25살 신랑한테 시집왔다는 정동댁이 방 안에 있다 마루로 나오신다.

"마당에 시멘트 할 돈이 없어서 콩을 심궜어. 아그들이 일 흐지 마라고 흔디 풀이 나믄 보기 싫어서. 것도 올해만 흐고 안 흘라요."

정동댁 할매는 한쪽 무릎을 세우고 앉아 마당을 가만히 내려다보신다.

정동댁, "심심해서 나왔어"

"이 집도 영감이 지서 준 집 그대로여. 나가 죽으문 이 집도 없어질 것이요. 그나 점심은 자셨소? 회관에 가도 사람이 없어서 혼자 그작그작 밥 묵고 사요."

겨울 동안 광주에 사는 아들 집에 있다가 봄과 함께 돌아왔다는 할매는 마당에서 눈을 떼지 않으신다.

할매한테 건강하시라고 인사드리고 집을 나섰다. 봄바람 불고 모란이 피는 골목을 나오는데 개가 길바닥에 팔자 좋게 늘어져 누워 있다. 그 옆으로 아직도 노병채 할아버지는 비료를 실은 전동차를 몰고 가고 있는 중이다.

청룡마을 골목 풍경

2. 쭉정이 나가고 알맹이만 남은 치처럼
[장성 야은마을]

숨어 있는 마을이라는데, 마을 앞에는 100여 마지기 정도의 들판이 제법 넓게 펼쳐져 있다. 장성군 장성읍 야은리 야은野隱마을.

마을 형국이 치(키) 형국으로 쭉정이는 모두 나가고 알맹이만 남은 치의 안쪽에 해당한다고 한다. 또한 마을 양옆으로 솟아 있는 두 개의 산이 두 마리의 기러기와 같다 하여 양안동兩雁洞이라고도 부르고 있다.

일곱 분의 할머니 모신 재각 '화산재'

기록을 보면 1789년 호구총수에는 '원산리遠山理'라고 기록되어 있는데 마을 뒷산을 지금도 마을 사람들은 원산遠山이라고 부르는 걸 보면 기록이 틀린

야은마을 전경

것은 아닌 것 같다. 현재의 마을 이름은 구한말 때 해남현감과 전라순무어사 巡撫御使(조선 시대 지방에서 변란이나 재해가 일어났을 때 두루 돌아다니며 사건을 진정하던 특사)를 역임했던 야은野隱 이용중李容中(1841~1919)이 마을에서 살았는데 그의 호를 따서 마을 명이 되었다고 한다.

1970년대 새마을운동이 펴지면서 마을 앞을 지나가던 박정희가 새마을 시범 마을로 만들라 해서 마을 입구로 새 마을이 조성되었다. 한때는 전국적인 선견지 마을이었다고 한다.

마을 뒤 안산 끝자락으로 가니 네 그루의 큰 전나무 아래 널찍한 터가 있다. 1919년 고종이 승하했다는 비보를 접하고, 야은 이용중이 북쪽 한양을 바라보고 곡을 했다는 곳이다. 후손들이 1924년 5월에 지금의 '야은이공용중망곡단비'를 조성했다. 그 후 마을 사람들은 망곡단이 있는 곳을 망꼬산이라고 불렀다.

콩밭 메는 성산댁

　마을 길을 해찰하는데 손바닥만 한 작은 텃밭이 여기저기 널려있다. 성산에서 시집왔다는 할머니가 밭일을 하고 계신다.

　"콩을 심겄는디 까치가 다 파 묵어불어갖고 통 없어."

　할머니는 기다시피 땅에 엎드려 밭일을 하신다. 그러다 앞산을 바라보곤 "저기 꽃뫼도 못 가. 힘들어서. 올봄에도 진달래가 많이 폈제" 하신다. 마을 사람들은 진달래가 많은 앞산을 '꽃뫼'라고 부른다.

　마을 앞 일장성들, 신기들, 외나리들을 지나 화산花山자락으로 간다. 봄이면 산벚꽃과 진달래가 가득한 산이다. 그 꽃뫼 자락에 전주 이씨 재각 '화산재花山齋'가 있다. 백계리 남양촌 진환의 5대조부터 일곱 분의 할머니들을 모시는 재각이다. 화산이라 꽃을 상징하는 여자들을 모셔야 가문이 번창한다고 전해지고 있다.

세심정과 오작교

봄이면 진달래가 온산 가득 '꽃뫼산'

꽃뫼 끝자락에 팔각정이 있다. 팔각정으로 가려면 오작교를 건너야 한다. 오작교 위에서 보니 사문안골이라 부르는 골짜기 깊숙한 곳에서 맑은 물이 흘러 내린다. 꽃뫼산 기슭을 휘돌아 마을 앞 들녘인 신기들, 외나리들, 일장성들, 우두배미, 숭능배미를 적시고 아랫마을 신기를 거쳐 황룡강으로 빠져나간다.

팔각정 안을 들여다보니 '세심정'이라는 현판이 있다. 여름이면 이곳은 남자들만 모이는 모정이라고 한다. 마을에는 현재 40호가 거주하며 인구는 70여 명. 이 마을 역시 70대 이상의 노인들이 대부분이고 60대는 '청년'에 속한다고 한다.

이치학 집과 우물

마을회관 앞 공터가 무척 넓다. 회관 뒤 공터도 제법 크다. 야은 이용중의 후손인 이치학으로부터 목재와 대지 일부를 희사받아서 1939년에 마을회관을 건립해 현재에 이르고 있다. 또한 1930년께 인근 마을인 채락, 가정, 신기마을까지 합쳐 '진흥회'를 조직하여 초대 회장을 이치학이 맡았고 이를 통해 마을의 발전을 도모했다고도 한다.

또 회관 앞에 있었던 항아리를 묻어 만든 황시암 물이 적으면 이치학 집 개

야은정, 이제 저곳에 주민들이 모여들겠지.

인 우물을 마을 사람들이 이용하도록 했단 한다. 그는 마을의 대표적인 부자 집안이었지만 6·25전쟁 때나 인공 시절에도 화를 당하지 않았다고 한다. 그가 살았다는 집을 마을 사람들은 '원님 집'이라고 불렀는데 마을회관 뒤 먹작골 입구에 그 집이 있다.

회관 옆엔 여자 모정인 '야은정'이 있다. 300여 년이 된 당산나무가 이웃해 있다.

채락골 쪽으로 마을 길을 걷는데 작물을 심을 만한 땅만 있다 하면 호미질을 해 놓았다. 마을 끝자락쯤 가자 할머니 한 분이 바닥에 주저앉아 호박씨를 심고 계신다.

"해마동(해마다) 호박 올려서(심어서) 잘 따 묵고 있소."

할머니는 호박씨를 심고 손으로 쓱쓱 흙을 덮는다.

호박씨를 심는 할매

"나가 시방 나이가 구십이요. 팔십만 되어도 못 흘 일이 없었소. 인자 나이가 묵어갖고 멀리 가도 못 흐요. 저 채골밭에 가서 일흐고 싶어도 못 흐요."

할머니는 호미를 비닐봉지에 보물 싸듯이 싸 들고 가신다.

3. 섬진강 굽이굽이 흘러가고
[임실 천담마을]

임실 덕치면에 있는 산이 깊다. 그 산골짜기를 휘휘 돌아가는 섬진강을 따라간다. 높은 산을 휘감고 흐르는 이곳의 섬진강은 고지도에도 표현된 것처럼 구불구불하다.

덕치면 장암리를 지나 섬진강을 따라 구불구불 좁은 도로를 타고 내려간다. 작은 고개인 간대재를 넘어 천담마을로 들어서자 산속 깊은 마을인데도 시야가 확 넓어진다.

임실군 덕치면 천담리 천담川潭마을. 마을 앞을 활처럼 휘감고 돌아가는 섬

천담마을을 앞을 흘러가는 섬진강

진강에 깊은 소沼가 많다 하여 천담이다. 마을 앞 섬진강변을 따라 자전거도로가 생겨 자전거 타고 지나는 사람들이 제법 있다.

마을 앞 섬진강의 강폭이 제법 넓다. 주민들은 섬진강이라고 부르기보다 '내안강'이라고 부른다. 섬진강 상류인 이곳의 내川가 활처럼 안으로 휘어들어 흐르고 뒷산이 기러기 같다 하여 마을 이름이 원래는 '내안內雁'이라고 불렸던 것이다.

그러다 1914년 행정구역이 개편되면서 천내리와 구담리를 병합하여 천내와 구담의 이름을 따서 천담리라 했던 것이다. 마을 앞에 있는 정자 '남강정'에 올라 보니 내안강이 한눈에 내려다보인다. 정내에 걸린 〈남강정기〉를 읽으니 1984년 12월에 세운 뜻이 애틋하다. 고향을 떠나 서울 타지에서 살면서 어린 시절 함께 했던 남쪽 고향마을의 강을 잊지 않고 살았대서 '남강南江'이란 이름을 취한 것이다.

징검다리 건너고 쪽배 저어 건너던 시절도

남강정 앞에는 웬 석상이 있다. 동자바위라고 한다. 마을에서 북동쪽에 동자바위와 처녀바위가 있었는데 그 바위에는 사냥꾼 총각과 나물 캐는 처녀의 이루지 못한 슬픈 사랑의 이야기가 전해지고 있다.

강진면으로 가는 717번 도로를 만들면서 처녀바위가 없어지고, 1997년 경지정리를 하면서 동자

남강정과 동자바위

157 •

바위가 없어졌는데 동자바위를 2017년 복원하여 세워 둔 것이다.

마을 앞 뱃마당 자리에는 1992년에 새로운 다리를 놓았다. 그전에는 동네 주민들이 울력으로 섬진강인 내안강 갱변(강변)에 있는 많은 돌들을 이고 지고 날라다 징검다리를 만들어 건너다녔다.

하지만 홍수가 났다하면 징검다리는 없어지고 다시 징검다리를 만들면 또 없어지는 세월을 살다가 내안강 양쪽으로 줄을 연결하여 쪽배를 타고 간짓대를 저어서 건너다녔다고 한다. 그런 뱃마당 자리에 지금은 우등(갈대)만 가득하다.

전분이 할매와 마을주민

"갱번이 너르고 얼마나 좋았다고. 동네 사람들이 저녁이믄 거기 다 모여서 놀았제. 자갈이나 모래가 따뜻하게 데와져서 드러 누우믄 좋아. 그렇게 누워서는 별도 구경허고 했제."

일본에서 나서 태평양전쟁 때인 15살 때 부모님과 함께 이곳으로 들어와 지금까지 살고 있다는 전분이 할머니는 마을 앞 내안강 갱변에서의 어릴 적 추억을 고이 간직하고 있다.

"그때는 물난리도 자주 났어. 홍수가 지믄 집도 떠내려가고 소, 돼지도 떠내려가고 그래. 동네 사람덜이 모타서 솥 걸어놓고 천렵도 많이 했제. 우리 집 영감도 비린 고기를 좋아해서 투망으로 물고기를 많이 잡았어. 근디 지금은 들어가도 못해. 풀이 하도 자라서 무서와."

오남매를 둔 완택이 엄마(동네 사람들은 전분이 할매를 그렇게 불렀다)는

전분이 할매 집

집에서도 가만있질 못하고 마당에 난 풀을 뽑는다. 며칠 전에는 계단을 올라가다 넘어져서 손목까지 다쳤다는데도 가만있질 못한다.

"독일서 돈 벌고 있는 우리 큰아들이 돌아오믄 집을 새로 짓는다고 합디다. 여가 우리 동네에서 젤 경치가 좋아. 저기 용골산도 훤하고. 저기다가 케이블카도 놓는다고 합디다만."

정말 할머니 집에서 보니 산골 마을이어도 시야가 넓고 훤하다. 강 건너 용궐산龍闕山(예전엔 용골산이라고 불렀다. 남강정기에는 계두봉이라고도 표현되어 있다)이 한눈에 들어오고 용궐산 자락에 있는 건넛마을 돌무덤마을과 마을 앞을 휘돌아가는 강줄기도 보인다.

할머니는 집 안으로 들어가 커피 물을 끓이고 튀밥을 꺼내 온다.

"한번 잡사봐."

커피를 석 잔을 타시길래 누가 오냐고 물으니 할머니 집 앞에서 일하고 있는 임씨를 불러온다. 고향을 떠나 부천에서 살다가 은퇴하고 고향에 돌아와 살려고 창고를 수리하고 있다고 했다.

뜰방에 앉아 커피를 마시는데 도시에서 온 듯한 아주머니 한 분이 들어오신다. 같은 마을 남자와 결혼하여 고향을 떠나 분당에서 살다가 남편이 퇴직을 하자 귀향하기 위해 강 건너 작은골에 집을 짓고 있다는 박지순 아짐이다. 부천 임씨는 분당 박씨를 바로 누님이라고 부른다.

"나는 별론디, 남자들은 고향이 좋은가 봐요. 선산도 있고 해서 기어이 내려와 살겠다고 집을 짓고 있어요."

"내려온께 안 좋은가요. 누님이랑 엄마랑 이렇게 얘기도 허고."

"그건 맞어. 여기가 내 탯자리라 그런가 몰라도 좋긴 해."

주민 울력으로 만든 다리 지금도 성성

"강 건너 돌무덤마을로 가는 섶다리가 한 60년 전에도 있었지요. 동네 사람

야영장이 된 천담분교

들이 나무를 져날라다가 만들었는데 홍수가 졌다 흐믄 싹 떠내려 가부렀제. 그래서 목마른 사람이 먼저 우물 판다고 동네 사람들이 직접 다리를 놨지요. 그때 다리 놀 돈이 없응께 마을 앞에 쭈욱 있었던 아름드리 느티나무 여덟 그루를 업자한테 팔고 그 돈으로 다리를 놨지요. 천담분교가 있는 사리께가 강폭이 가장 좁아서 거기다가 다리를 놨어요. 그 다리가 지금도 있어요."

섬진강 캠핑장

1970년대 말에 주민들이 관의 지원
도 받지 않고 직접 울력으로 놨다는 다
리는 지금도 사람들이 건너고 차도 건
넌다. 천담 세월교 앞에 있는 폐교된 천
담분교가 야영장이 되면서 더 많은 사
람들이 이용하고 있다.

천담 세월교

"덕치면 소재지에 있는 학교까지 못
다니니까 우리 천담리에 있는 천담, 원치, 돌무덤, 안담 이렇게 4개 마을을 위
해 천담분교를 1964년에 세웠다가 한 20년 정도 유지를 했지요. 그때는 소풍
을 갔다 흐른 우리 마을 앞 갱변으로 왔어요."

"보니까 옛날에는 몰랐는데 용골산 삼형제바우, 치마바우도 다 훤히 보이네요. 진짜 여기 담뱃집이 제일 좋은 자리에 있네요."

분당 박씨 아짐 말에 부천 임씨 아재가 거든다.

"맞아, 여기가 담뱃집이었어. 천담 담뱃집이라고 흐믄 모르는 사람이 없었제."

그러자 완택이 엄마가 안 집을 가리키며

"옛날에 집 한쪽에다가 담배를 놓고 팔았다더만. 나보다 14살이 많은 할머니였는디 지금도 살아서 서울에 있어. 그 할매가 쓰던 확(절구통)이 저고고(저 것이고) 나가 쓴 확이 요거여. 보리쌀을 갈아야 밥을 헌께 확이 없으믄 안돼."

어쩐지! 집 안에 동네 갱번에서 가져와 만들었다는 확독이 3개나 된다 했다.

"예전에는 한 60여 호 됐는디 지금은 외지에서 들어온 사람까지 합해서 한 20여 호 돼요. 산속이라도 모든 것이 풍족하지요. 살기가 좋아요. 우리 조상님들이 이렇게 좋은 곳에 동네 자리를 잡아서 우리들이 잘 살고 있어요."

심심풀이로 묵으라며 할머니가 준 튀밥 한 봉지를 들고 동네를 둘러보려고 되아지바우 길을 타고 웃끝길을 올라가니 중간에 두리시암이 있다. 지금은 쓰지 않고 뚜껑이 덮여 있다.

가운데 시암을 지나 마을 뒤로 올라가니 경주 김씨 제각이 용궐산을 바라보고 앉아있다. 자방골 앞 들판 길을 통해 다시 상복잿 길을 타고 숨미테 길로 해서 마을 앞으로 나와 애향비에 적힌 글을 읽었다. 1989년 5월 봄날에 세운 것으로, 옆마을에 사는 김용택 시인이 지었다.

'부엉새 우는 긴긴 겨울 다 보내고
용골산 소쩍새 우는 농사철이 오면
흘러가는 저 강물 눈앞에 두고
물길을 찾아 헤매던 타는 가슴에
그대들은 여기저기 물길을 내어
논과 밭과 온갖 곡식들을 적셔주었습니다.'

'봄 여름 가을 겨울
깊은 물 시린 물에
몸을 적시며 건너던 강물에
그대들은 다리를 놓아
우리들을 세상으로 편히 건네주었습니다.'

… 중략 …

'굽어보면 섬진강이 굽이굽이
담을 치며 흘러가는 천담마을
그대들이 태어나 자라고 우리가 살고
우리 자손들이 땅을 일구며
영원히 살아가야 할 산천
고향을 생각하는 그대들의 애틋한 정을
오래오래 기억하고 전하기 위해
여기 그 뜻을 깊이 새겨 둡니다.'

4. 신선들이 누워 달구경했다는 굴속 누각
[진안 월운마을]

"끼니는 면허고?"

골골 산도 많은 진안 백운면을 지나고 마령면 소재지를 지나다 길을 여쭙는데 어떤 할머니가 묻는다.

"그렇게 돌아댕기다 때 놓치면 안 돼야!"

그 말씀만으로 배가 부르다.

마이산 자락 긴 반달 형국의 '달운이' 마을

강둑에서 더위를 식히는 할머니한테 여쭈니 여기가 강정리란다. 진안 마령馬靈면 강정江亭리. 조금 더 강물을 따라가다 보니 월운月雲이라는 마을이 보이

마을 입구 강정대

고 커다란 바위산에 강정대江亭臺가 있다. 올라서 마을 앞 들판을 보니 참 시원타! 기다랗게 들판을 적시며 지나는 강줄기가 하얗다.

월운마을은 마이산 쪽에서 흘러내리는 백마천과 부귀면 쪽에서 흘러드는 세동천, 월운마을 뒤 가매산과 마이산 광대봉에서 흘러내리는 은천천이 합수하여 섬진강으로 흘러드는 상류 지역에 있는 전형적인 배산임수 마을이다.

마이산 자락이라더니 곳곳에 등산로가 보인다. 노령산맥의 우렁찬 산세가 한없이 내달리다 만나는 마이산 자락에 자리한 마을이었던 것이다.

마을의 원래 이름은 '달운이'라 했다. 지금도 그렇게 부르는 사람이

월운마을 당산거리 풍경

간혹 있다. 원래 마을 이름이 있는데도 대부분 강정리라 부르고 있는 것은 너무 행정구역만 강조하다 보니 생긴 부작용일 것이다. 원래 마을은 마을 건너 '숲미테'에 있었는데 1936년 병자년 대홍수 때 마을이 떠내려가고 현재의 위치로 옮겨왔다 한다.

마을 형국이 긴 반달 모양이라 달운이라 불렀는데 기록에는 도선국사와의 관계가 강조되어 있다. 도선국사가 전국을 돌아다니다 하룻밤 마을에서 쉬는데 골짜기 쪽에서 떠오르는 달이 너무도 아름다워 '달운'이라 부른 것이'달운이'로 되었고, 한자화하면서 월운마을이 된 것이다. 어찌 되었든 마을은 달과 무척 관련성이 많은 모양이다.

암반 굴속에 앉힌 수선루는 달구경 하기 좋은 곳

달을 구경할 곳이 있느냐고 물으니 당산 거리에 있던 할머니들이 이구동성으로 '수설루'를 가르쳐준다.

"수선루요?"

"아니 수 설 루!"라며 힘주어 교정해 준다.

그런데 강둑길을 걸어서 가서 편액을 보니 '수선루垂仙樓'다.

달구경 하기 딱 좋은 곳에 위치해 있다. 마을 앞산인 '귀귀재' 중턱 암반 굴속에 세워져 있는 것이다. 이야! 어떻게 굴속에 루樓를 앉혔는지 보면 볼수록 신기하기도 하다. 신선들이 눕는 루라.

그곳에 올라 내려다보니 백마천과 세동천, 오원천이 합수하여 흘러가는 섬

바위 틈 속에 자리한 수선루

진강이 시원하다. 명주실 한 꾸러미가 다 들어갈 정도로 깊다는 귀귀소가 보인다. 그리고 산모퉁이를 돌아 섬진강으로 흘러가는 강줄기가 환한 명당이다.

연안 송씨인 진유, 명유, 철유, 서유 4형제가 1686년(숙종 12)에 선조들의 덕을 기리고 심신을 달래기 위해 건립했다는 수선루. 인근 마령면 소재지에 있는 초등학교 학생들의 단골 소풍 장소였다 한다. 마침 수선루 입구에서는 마령초등학교 45회 동창회가 한창이다.

은거했던 4명의 형제

수선루에 올라 거기 걸린 시액을 더듬거리는데 노랫소리가 쟁쟁하다. 들려오는 노래가 죄다 '7080'이다.

"저렇게 많은 별들 중에 별 하나가 나를 내려본다…"

42년 만에 동창회가 열렸다.

"저 별은 나의 별 저 별은 너의 별…"

달구경 하기 좋은 수선루에서라면 별구경도 좋을 것 같다.

수선루가 있는 동굴 안쪽에는 작은 샘이 있다. 한 모금 마시니 의외로 물맛이 부드럽다. 목을 적시고 생각나는 친구 몇에게 문자를 보내고 내려가니 마령초교 45회 동창회는 춤판으로 무르익어가는 중이다. 졸업하고 42년 만의 동창회니 얼마나 즐거울 것인가. 봄가을 소풍 때마다 이곳에서 하루를 보냈던 추억이 얼마나 아름답겠는가. 더욱이 42년 만에 그 장소에서 다시 노는 마음은 얼마나 감개무량하겠는가.

소원이 이뤄진 것으로 알고 치성을 드린다는 미륵바위

마을 사람들 공동작업으로 전봇대에도 마을회관에도 그림 그려

다시 달운이 마을로 내려오다 보니 달운이 계곡 입구에 커다란 바위가 있다. 가까이 가서 보니 신당을 차려놓았다.

미륵바우에 만들어진 산지당

당산 거리로 와서 물으니 큰 바위가 '미륵바우'다. 오래전부터 마을 사람들이 치성도 드리고 했던 곳인데 7년 전부터 읍내에 사는 점쟁이 내외가 와서 신당을 차려놓았다는데 요즘은 무서워서 사람들이 잘 가지 않는다고 한다.

미륵바우에 치성드려서 소원 이룬 거 있냐고 물으니 웃으면서 하시는 말씀.

"소원 다 이뤄진 것으로 알고 사는 거제."

마을이 유독 깨끗하다. 지난해 진안군에서 추진한 '그린빌리지 만들기' 대회에 나가기 위해 마을 돈 150만 원을 들여 주민들이 직접 화단도 만들고 길도 정비한 사업 덕택이란다. 그 결과 최우수상을 받았고 상금도 1,000만 원이나 받았다고. 그래서 마을 전봇대나 회관 등에 마을과 관련된 그림을 그려놓았다. 누구의 도움도 받지 않고 마을 주민들 스스로 바쁜 농사철에도 일주일에 2~3일씩 공동작업을 해서 만든 것이라고 자랑이 가득하다.

당산나무 그늘 아래 얘기보따리 풀어놓고

마을을 몇 번 돌아다녀도 남자들이 보이지 않는다. 모두 일하러 나갔다고 한다.

"우리 같은 고물들이나 이렇게 앙거 있제 모다들 놀털 안 해."

커다란 당산나무 그늘 아래에서 할머니들이 '노느니 염불' 한다면서 말린 고추를 다듬고 있다. 이것저것 여쭈었는데 하도 열심히 고추를 다듬는 통에 묻는 내가 머쓱해서 일어섰다.

마을을 이리저리 돌아다니다 다시 당산 거리로 가니 할머니들은 고추 다듬는 일을 다 하고 나란히 앉아 있다. 할머니들 앞에 앉아 말을 거니 그때서야 얘기보따리를 풀어낸다.

고추를 다듬는 할매들

담이 없는 집이 많은 월운마을

　　연안 송씨 집안에 얼굴도 안 보고 18살에 시집와서 24살에 혼자 된 김정순 할머니. 손주가 다섯에 증손주들까지 자손이 17명이나 된다고 한다. 작년까지 길쌈으로 아이들 먹여 살리고 했는데 이젠 기운 없고 힘들어서 올해는 베틀을 꺼내지도 않았다고 한다. 시집온 날 족두리 쓰고 앉아 몰래 서방 얼굴을 보니 잘나서 맘에 들었었다는 할머니. 머리카락이 눈 내린 것처럼 하얀 것이 눈이 부시다. 생고생을 많이 해서 그렇단다.

"시상천지에 우리동네만치 좋은 디가 없어"

　　연안 송씨인 송봉순 할머니는 어렸을 적 기억을 꺼낸다. 음력 3월이면 수선루에서 문중 회의가 있었고 그럴 때면 몇 번 따라갔었노라고.

　　"당시는 여자들은 바깥출입이 어려운 때라 나가고 싶어도 맘대로 못 갔어. 어떻게 그런 세월을 다 살았는지 몰라."

"출가외인이 거길 왜 가?"

연안 송씨 집안으로 시집온 김정순 할머니가 한소리 거든다. 자기는 서방 따라 자주 수선루 가서 놀았다고 은근히 자랑이다.

"전에는 마을에서도 거기로 피서 갔어. 지금은 안가."

주민들이 가꾼 화단

"여기가 제일로 시원헌디 뭐할라 거기까지 갈 것이여? 우리 동네만치 좋은 디가 없어. 시상천지에 봐도."

이렇게 좋은 마을에 현재는 30호에 60여 명이 산다는데 도무지 사람 구경하기가 어렵다.

할머니가 광주까지 갈라면 고생되겠다며 박카스를 한 병 건네준다. 나는 취재 수첩일랑 그만 접고 당산 그늘에 주저앉는다. 노래도 한 곡 불러드리고 할머니들과 나란히 앉아 시원한 산바람을 맞는다.

시집온 날 남편 얼굴을 처음 봤다는 송봉순 할머니

4부

항상 사람이

그리운 곳

나눌 것이 있어 아름다운

1. 간판 단 종교만도 일곱 가지
[김제 용화마을]

30년 전까지만 해도 벚나무가 하늘을 가렸다는 용화마을 큰길. 지금은 단풍나무가 하늘을 찌를 듯 열병하듯 늘어서 있는 길을 천천히 걷는데 누가 나랑 함께 걷는 듯한 느낌이 든다. 그 숲길에

메주가 주렁주렁

아무도 없는데 참으로 묘한 일이다.

그런 단풍나무 길 끝에 마을이 있었다. 김제시 금산면 금산리 용화龍華마을, 56억 7천만 년 후에 이 땅에 올 미륵이 사는 곳이 용화세계. 그 세계가 있는 마을이겠다. 한자까지 같으니.

"자연의 섭리에 순응하며 사는 것이 도여"

마을 이곳저곳을 기웃거리며 다니는데 참으로 재미있는 마을이다. 마을 안에 간판을 단 종교만도 일곱 가지다.

'순천도順天道'라고 쓰인 집으로 들어가니 왕순철 할아버지가 점심 자시고 가란다. 집 안으로 들어가니 얼추 열 분 정도 할머니들이 모여서 점심을 다 드

시고 커피를 마시고 있다. 용화마을에 사는 분들이 아니라 다른 마을 분들이 시란다. 벽에는 하루 4차례의 수행시간표도 붙여 놓았다. 어떻게 수행들을 하시느냐고 묻자 집주인인 왕순철 씨는 웃기만 한다.

"아, 농사짓는 사람들이 뭐가 있겠어. 그냥 1년 동안 열심히 농사지어서 겨울 동안 묵을 쌀은 있고 허니까 모여서 어떻게 사는 것이 진정한 도의 생활인가 공부하는 것이여. 뭐, 별거 아니여. 자연의 섭리에 어긋남이 없이 순응하며 사는 것이여."

경로당에 가니 아무도 없다. 방안은 따뜻한데 모두 어딜 가셨을까. 한참을 기다려도 아무도 오지 않아 경로당을 나와 마을 가게로 간다. 문을 열고 들어가니 7~8명 되는 마을 사람들이 한꺼번에 날 쳐다본다.

마을 취재를 하러 왔다 하니 그중 낮술이 거나하게 오른 할아버지가 기자증부터 보여 달란다. 참으로 난감하다. 산골 마을 취재 몇 년 만에 기자증 보

당산나무

여 달라는 분은 처음 만났다.

한번 말문을 튼 할아버지의 마을 이야기는 좌중을 압도한다. 기차 화통을 삶아 자신 듯 어찌나 목소리가 큰지 귀가 따가울 지경인데 문제는 무슨 뜻인지를 도통 알아들을 수가 없다는 것이다. 옆에 앉은 한 아주머니의 통역이 없었더라면 무슨 말인지 알아들을 수가 없었을 것이다. 아주머니의 부연 설명에 따르면 내용은 이렇다.

명당이라고 이름나서 외지인들 많이 들어와

용화마을 풍경

"용화마을은 우리나라에서도 가장 많은 종교를 가진 마을이다. 어림잡아서도 30개의 종교가 있다. 그런데 웃기는 건 용화마을 본토배기들은 종교를 갖지 않았다는 것이다. 바로 여기에 있는 사람들이다(이 부분을 특히 '화통 할아버지'는 힘주어 말했다).

종교를 가진 사람들은 대부분 외지에서 들어와 사는 사람들이다. 왜 그렇게 외지에서 사람들이 우리 마을에 들어와 사느냐면 용화마을이 우리나라에서 가장 명당이어서다. 마을 뒤에 있는 산이 계룡산이다. 좌청룡은 수양산이고 우백호는 제비산이다.

단풍나무 숲 길

　계룡산은 충청도에 있는 계룡산과 한자도 같다. 충청도 계룡산이 수탉이라면 여기 계룡산은 암탉이다. 그래서 여기는 생명을 잉태하듯이 많은 종교가 생겨난 것이다. 또한 모악산 줄기가 바로 우리 마을 뒷산인 계룡산으로 내려와 앉았는데 모악산으로부터 30리까지는 난리가 나지 않을 것이라고 해서 명당자리로 알려져 전국에서 많은 사람들이 우리 마을로 들어와 살고 있다. 현재 150여 명의 마을 사람 중에서 30여 명만 빼고 나머지는 외지인들이다. 그래도 종교 때문에 마을 사람들이 서로 싸운 적은 없다.

　할아버지의 마을 이야기 도중에 마을 사람들은 모두 밖으로 슬금슬금 빠져나가 버린다. 모두들 집에 들어가시나 싶었는데 나가 보니 가게 밖에 줄줄이 앉아 있다. 전주에서 3년 전에 이사 와서 가게 내고 산다는 아주머니도 화통 삶아 먹은 할아버지의 얘기에 할아버지 뒤에서 고개를 절레절레 흔들면서 방으로 들어가 버린다.

할아버지는 밖에까지 따라오면서 마을 앞 도로에 터널을 이루며 서 있는 단풍나무에 대해서 한마디 하신다.

"이 나무 땜에 피해가 이만저만 아녀. 단풍나무 씨는 백이면 백 다 싹이 나. 논바닥에 떨어진 씨가 여기저기서 싹이 나믄 환장해 불어. 농사를 못 지서. 지붕에 떨어져서 싹이 나봐, 집 다 베레(버려) 불어. 국가 것이라 어떻게 하도 못하고 그대로 살제. 원래는 사꾸라나무(벚나무)였제. 근디 한 30년 전에 전군가도(전주-군산간 도로)에 심는다고 싹 파가 불었어. 순 나쁜 놈들이여. 가만 놔두제 왜 파가."

강증산이 증산교 시작한 뒤 신도들이 각종 종교 일으켜

노령산맥 줄기에 우뚝 솟은 모악산 아래의 금산면 금산리 용화마을. 150여 호 되는 이 작은 마을은 결코 작지 않다. 마을 위에 바로 금산사가 있으며, 그

증산교 본부

뿐만 아니라 증산교 본부가 있는 마을이다.

이 마을에서 강증산이 증산교를 시작했던 것이다. 그 후에 강증산이 사망하자 그 신도들이 제각기 나뉘어서 각종 종교를 일으켰는데 그중에 보천교를 비롯해서 태을교, 용화교 등 무려 30개가 넘는 신흥종교들이 하나의 단지를 이루고 있는 마을이다.

1904년 미국인 선교사인 레위스 테이트 목사는 전주와 정읍을 왕래하는 길에 중간 지점인 이 마을에서 조덕삼이라는 이 고장 제일가는 부잣집 마방馬房에 말을 맡기고 하룻밤을 묵었다. 이때 보수적 유교 가문의 조덕삼이 전도를 받아 기독교인이 되었고 1905년에 금산교회가 창립되었다고 한다. 자신의 사랑채에서 첫 예배를 보게 한 조덕삼은 1908년 마침내 사재 15환을 헌금하여 지금의 금산교회를 짓게 했다.

모악산 너머 배재梨峴에 있던 전주 이씨 집안 제실을 사들여 해체하여 옮겼고 그 모서리 동쪽 방향으로 두 칸을 더 달아내어 지금의 5칸짜리 'ㄱ'자형의 목조건물을 만든 것이다. 100년이 넘도록 기둥 하나 서까래 하나 상하지 않고 원형대로 남아 있는 건축 문화재(전라북도 문화재자료 제136호)이다.

선교사 부부의 옛 사진

천으로 남녀석을 구분한 예배당

100년 넘도록 원형대로 남아 있는 금산교회

건물은 전형적인 조선 중부지방의 구조로서,

금산교회

교회당을 'ㄱ'자로 지은 것은 당시 구습에 따라 남자석과 여자석을 따로 하기 위함이었다. 자리만 따로 한 게 아니고 출입구도 남쪽과 동쪽으로 따로 내었고 남녀석 코너에 흰 포장을 쳐서 일절 서로 쳐다보지 못하게 했던 것이다.

당시로써는 매우 큰 교당이던 27평형 건물을 지탱하려면 중도리를 받치는 고주가 있어야 하는데 워낙 대들보가 튼튼하여 고주 없이 지었고 그래서 교당 내부가 널찍하고 시원스럽게 보인다.

세월의 때가 묻은 교회당 내부의 마루는 전통적인 우물마루로 깔지 않고 일렬로 길게 뻗는 널마루(쪽마루)로 깐 것이나 ㄱ자 코너에 약 50㎝ 높이의 강단을 설치한 것 등은 서양식 건축법을 본뜬 것이라 한다. 또한 교회당의 모든 재목은 깎아서 맞추는 이음새 맞춤법을 사용해서 철물로 된 못은 마루를 빼고는 사용한 곳이 없다 한다.

상량문도 남녀석에 각각 두 개가 있다. 남자석 상량문은 성구聖句를 한자로 썼다.

'一千九百八年戊申陽四月四日陰三月三日 上 我知此身 猶土室唯 幕維壞
然有 上帝經營 非人手所作也 悠久於天吾處 此嘆息 自天而降之室 若衣披體
槪 其衣體不復 裸吾曺尙處 此幕勞而 嘆息非 去此室乃 其室致 死丁而生
存 爲我行此者 上帝也 賜聖神 爲質故心恒安 (후고 五:一~六上半)'

또한 여자석 상량에는 한글(당시의 언문)로 고린도전서 3장 16~17절의 성
구가 씌어 있다. 천하명당이라는 이곳에도 6·25 전쟁의 흔적이 남아 있는데
인민군이나 빨치산이 이 교당을 그들의 사령부로 쓰기도 했다고 한다.

문 닫은 '금산여관' 주인도 도를 닦는 수행자

마을 한길 가에 '금산여관'이라는 낡은 간
판이 보인다. 이 깊은 산골에 무슨 여관이 다
있을까 싶어 골목길로 따라 들어가 보니 정말
여관이 있다. 휴업 중이라는 작은 푯말이 없
다 해도 도저히 영업을 하고 있다고는 생각되
지 않는 여관이다.

무턱대고 들어가니 옛 여관 풍경 그대로다.
방마다 붙은 녹색 바탕의 호수 번호가 여관이
었음을 쓸쓸히 보여주고 있다. 공동화장실과
공동세면대 등. 60년대 영화세트장 같다. 주인
을 찾으니 방안에서 바둑을 두는지 딱딱 소리
만 들린다.

금산여관 주인 김흥원 할아버지

여관 벽에 그려진 그림

한참 있다 작은 키의 김홍원 할아버지가 나온다. 경상북도 상주 출신이다. 어떻게 이곳까지 흘러왔을까 사뭇 궁금해진다. 고향에서 면서기를 하다가 어떤 아주머니의 권유로 《진리의 도통》이라는 책자를 보고 도道를 통通하기 위해 서른 살 나이에 공무원 사직서를 내고 도의 길에 접어들었다고 한다.

그렇게 전국으로 도를 얻기 위해 공부를 하다 이곳 증산도 본부가 있는 용화마을을 찾아들었고 당시 전세를 얻어 여관업을 인수해 정착하게 되었다고 한다. 그때가 60살 때였고 이곳에서 환갑잔치도 했다는 것이다. 낯선 타향 땅에서 그는 도통을 하기 위해 온갖 설움을 다 견디며 지금도 후회하지 않고 열심히 도를 공부하고 있다고 한다.

사진을 찍자고 하니 극구 사양하다가 당신이 직접 쓴 한시(2005년 금강산을 다녀와서 직접 지은 한시) 액자 앞에서는 사진을 찍겠다고 한다. 금산여관의 간판도 직접 쓴 것인데 그 앞에서도 포즈를 취해 주신다.

망설이다가 어렵게 물은 질문.

"도를 공부하기 위해 어려운 길을 선택하셨는데 후회는 하지 않나요?"

그의 답변은 간명했다.

"후회하려면 뭐 할라고 이 길을 선택했겠어."

2. 마을 한가운데 행복한 고인돌
[부안 구암마을]

　부안에 가면 나는 자주 길을 잃는다. 시골길이라 얼마나 복잡하겠는가마는 제법 넓게 형성된 부안 벌판에 놓인 길을 가다 보면 꼭 길을 잃고 만다. 내가 길을 잃은 이유는 정작 다른 데 있는 것 같다.

　내 청색 시대의 부안은 곧 격포 바다였다. 애인과 가면 십중팔구 헤어진다는 아름다운 그곳. 바닷가 봉화산 정상의 팔각정에서 울리던 팝송과 노을 진 바닷가의 단상이 한꺼번에 떠오른다. 내가 왜 이토록 부안의 오래된 이미지에 갇혀 있는가 했다. 그래서 애써 부안으로 가는 길을 멀리하거나, 한번 들었다 하면 길을 잃고 만다.

마을 가운데 고인돌 군이 있다

바구 아홉 개가 있어서 구암?

나도 모르게 격포 쪽으로 가면서도 작은 길로만 접어들었다. 그러다 길을 멈춘 것은 '바위 암巖'자 때문이었다. 성암이니 구암이니 하는 '암巖'자. 이런 곳에는 틀림없이 고인돌이 있다. 아니나 다를까, 고인돌이 있는 마을이 구암龜巖마을이다.

고인돌

1963년에 사적지로 지정된 고인돌은 20여 호 되는 마을 한가운데에 마치 터줏대감처럼 옹기종기 모여 있다. 전형적인 남방식 고인돌인데 이렇듯 마을 한가운데에서 대접을 받으며 마을 사람들과 함께 살아온 고인돌은 행복한 고인돌이다. 농사짓기 불편하다고, 길 넓히는 데 걸림돌 된다고, 포크레인으로 깨서 없어지고, 땅속에 파묻히는 등 수난을 받는 고인돌과는 다르지 않은가. 또한, 고인돌 10여 기가 모여 있는 일대를 예쁘장한 담장으로 울타리를 쳤으니 이보다 더 좋은 대접이 어디 있겠는가.

왜 구암마을이라고 부르냐 하니 마을 사람들은 "바구가 아홉 개가 있어서 구암이여!" 이구동성으로 말한다. 문화재로 지정된 고인돌은 모두 10기이고 안내판에는 13기라고 기록되어 있는데도 마을 사람은 여전히 아홉 개라 한다.

20여 년 전에 완전히 마을을 떠난 수원 백씨들이 세를 부리며 살았는데 그때 백씨 집안에 있던 고인돌이 현재의 문화재로 지정된 고인돌이다.

"아마 세를 부리고 살라고 고인돌 사이에다 터를 잡았겄제."

마을에 배꼽자리(탯자리)를 둔 김종철 할아버지는 어릴 적 마을 현황을 훤히 알고 있다. 해금 금씨(김해 김씨)라고 자신을 소개하는 김 할아버지는 수원 백씨들의 세가 인동에서는 짱짱하여 보통이 아니었다고 말한다.

"말도 말어, 동네 입구에서부텀 길 양쪽으로 사꾸라를 일본에서 갖고 와서 심었는디, 얼마 전까지만 해도 봄 되믄 굉장혔제. 인동에 있는 학교에서는 죄다 이리 소풍 왔어. 근디, 희한혀. 그 집안사람들이 마을 뜨고 난께 나무가 다 죽어불데?"

김종철 할배

혹시 사진 찍은 거라도 있느냐고 물으니, 별 쓰잘데기 없는 것을 묻는다고 한다. 하긴 그 시절, 먹고살기 힘들던 시절에 사진기가 어디 있으며, 사진 찍을 여유가 어디 있었겠는가.

지금은 바짝 마른 사꾸라의 밑둥치만 남아 그들의 영화를 힘겹게 보여주고 있다. 그러던 집안이 '쫄딱' 망해서 동네를 뜬 건 아마도 고인돌 때문이라고 한다. 집안에서 부리던 머슴이 땅속에 박혀 있던 고인돌을 깨 없애버렸다는 것이다.

"넘 무덤을 함부러 건들면 쓰간디."

대문마다 핵폐기물 반대 노란 깃발들 여전

직접 고인돌이 있는 곳으로 가서 설명해주는 김 할아버지는 신명이 났다. 고인돌은 잘 몰라도 마을의 역사는 훤히 꿴다는데 간혹 고인돌을 보러 찾아오는 관광객에게 직접 설명도 하는 할아버지의 고인돌과 마을 사랑은 각별한 것 같다. 그러던 할아버지가 문화재 안내판 앞에서는 열을 올린다.

"이 안내판 좀 봐요. 글씨도 제대로 못 쓴단 말이요. 한자로는 '거북 귀龜'자로 써 놓고는 한글로는 '구'라고 안 써 났소. 나가 면장한테 가서 '귀'자로 바꿔 달라고 해도 도루묵이요. '구'자에다가 작대기만 하나 대믄 될 것을. '거북 귀'자를 '구'자라고도 한다고 하는데 나가 옛적에 서당에서 배울 적에는 '귀'자로 배웠지, '구'자로는 안 배왔어!"

전북 부안군 하서면下西面 구암마을은 '구암리 지석묘군支石墓群' 문화재만큼의 명성에 맞지 않게 작은 마을이다. 마을 뒤 기상봉 자락 정심골井心谷에서 흘

핵 폐기장 반대 깃발

러내린 물줄기가 하서면의 제법 넓은 벌판을 적시는데 그 물줄기를 끼고 마을은 조용히 들어앉아 있다. 40여 명도 되지 않은 작은 마을이어서인지 마을 골목을 돌아다녀도 사람 그림자를 찾을 수 없다. 남자는 일곱 명밖에 되지 않는다는데 그래서인지 작고 예쁘장한 마을회관에는 남자들은 없고 아낙들만 모여 있다. 대부분의 동네를 가면 화투 놀이를 하는데 구암마을 회관은 아낙들의 살아가는 얘기 속에 웃음만 가득하다. 회관 유리문에 붙은 '핵 없는 세상' 스티커가 빛바랜 채 아직도 선명하다.

"그때 핵폐기장 반대 데모할 때 동네 분들은 모두 참여했어요?"

"그 말 흐기 전에 한 번 물어봅시다. 핵폐기장을 찬성흐요. 반대흐요?"

갑작스러운 질문에 당황하기도 했지만 "이렇게 아름다운 고장에 핵이 있으면 되겠어요?"라는 말에 누워 있던 아주머니도 벌떡 일어나 앉는다. 동네 사람 한 사람도 빠지지 않고 나서서 데모했다는데 각 대문마다 걸려 있는 노란 핵폐기장 반대 깃발이 여전하다.

해마다 고인돌 앞에서 신명 나는 풍년기원제

바다가 가까이에 있지만 '거기 하고는 상관이 없고 담배 묵고 살었어' 하는 동네 사람들 말처럼 구암마을 사람들은 기상봉 자락 야트막한 산자락에 형성된 밭에서 담배 농사를 주업으로 하며 살았다. 지금은 밭을 논으로 쳐서 논농사가 대부분이지만 마을 사

마을 주민들

람들은 아직도 담배 농사와 함께 하는 모양인지 쌀보다는 담배 얘기가 많이 나온다.

"지금은 군에서 고인돌 있는 디를 백씨들한테서 매입을 해서 그렇지, 백씨들 땅일 때는 들어가 보덜 못했소. 긍께 동네에 고인돌이 있었는지도 모르고 산 사람이 흐다흐요(많소). 백씨들도 집 안에 있는 고인돌이 걸거쳤을(걸치적거렸을) 테지만 요렇게 잘생긴 고인돌을 맘대로 못했제. 그 덕에 세도 부리고 살았제."

백씨 집안 머슴의 실수가 아니었다 해도 그런 세도도 영원한 건 없는가 보

마을 골목

다. 이렇게 터가 센 곳인지라 마을 동제가 있는가 하여 물어보았다.

"예전에는 있었제. 당산제가 있어서 정월대보름이 되믄 걸립(풍물놀이)을 하고 돌아다녔제. 지금은 사람도 없고 해서 안흔 지가 상당해. 대신 하서농민회에서 제를 모시제."

하서농민회에서 주관하여 춘분 무렵 좋은 날은 선택해서 제를 지낸다고 한다. 농경의 시작을 알리는 선사 문화의 유적이 남아 있는 고인돌 앞에서 풍년기원제를 8년 전부터 지낸다고 한다.

"그때는 참말로 신명지제. 그렇게 한바탕 놀아야 농사를 짓제. 암."

상서초등학교의 전신인 부서국민학교에서 소화昭和 2년에 졸업을 했다고 일본 연호를 정확히 기억하는 김 할아버지는 내가 연표를 꺼내어 연도를 확인하자 메모지에 따라 적는다.

"나가 언제 입학했는지 알아 둘라고."

그래서 졸업 연도까지 확인해주니 상기된 표정으로 받아 적는다. 일제강점기에 일본 놈들 밑에서는 절대 공부 못 시킨다는 아버지 고집 때문에 서당에서 잠깐 배운 한자 공부를 지금껏 밑천으로 삼는다고 한다. 서울에서 재단사 한다는 막내 아들네한테 쌀을 보내야 한다면서 쌀 포대를 묶는다.

"이렇게 자식놈들한테 쌀 부쳐주고 사는 재미로 살제. 나가 직접 지었응게."

김 할아버지의 정성을 뒤로하고 마을 옆 초등학교로 갔다. 혹 마을로 소풍 왔다가 찍은 단체사진이라도 있을까 싶어 갔는데 학교는 문을 꽁꽁 닫았다. 차라리 내 상상 속에서의 화려한 봄날의 구암마을 풍경만 갖고 가는 게 좋겠구나 싶다.

자주 길을 잃었어도 부안은 여전히 내 기억 속에 아름다운 곳이다. 돌아가는 길에 새만금 간척지에 들어갈지도 모를 매향비를 본다. 지금까지 살아왔던 시간만큼 세월이 지나서 다시 부안에 들러도 아름다웠노라고 기억했으면 좋겠다.

송정마을 노을

3. 사려리들에 '李소나무'
[해남 송정마을]

벌판에서 마을을 향해 사진을 찍다 벌렁 누워버렸다. 기쁨이 샘물처럼 솟아올랐다. 송정들을 감아 도는 바람결이 봄바람처럼 찰랑거리는 오후였다.

해남군 삼산三山면 송정松汀리 송정松汀마을. 마을 앞들 바람이 좋다 했더니 삼산팔경三山八景의 하나다. 송정청풍松汀淸風.

대둔사와 양촌재에서 발원한 시냇물은 삼산면을 휘감아 돌면서 송정마을 앞에서는 사려리천을 이룬다. 행정적으로는 송정천이라 부르지만, 마을 사람

들은 마을 뒤 보에서 물이 넘칠 때 들리는 소리가 '사러리사러리'하고 들린다 하여 송정천은 '사러리천', 송정들은 '사러리들'이라 부른다.

사러리천이 사러리 들판을 기름지게 적시며 해창만 앞바다로 빠지는 길목에 송정마을은 위치하고 있다. 넓은 사러리 들판을 가진 송정마을엔 예부터 고관대작과 많은 부호들이 머물렀다고 한다. 그만큼 역사적인 격변을 많이 경험한 곳이기도 하다.

현재도 해남읍에서 10여 분 거리의 가까운 곳인데도 불구하고 1409년에는 해진현海珍縣 삼촌면三寸面 삼촌리三寸里로 행정지명이 바뀌기도 했다(해진현은 해남과 진도를 합한 지명이다). 고려 충정왕(1348~1351) 때 충정왕 삼촌이 진도로 유배를 가는 길에 당시 왜구의 창궐로 진도현을 영암으로 옮기자 충정왕 삼촌을 이곳 살기 좋은 송정마을에 머물게 하고 삼촌면 삼촌리라 지명을 적었다. 이러한 연고로 후일 삼촌면의 치소治所가 되기도 했다. 1907년에 다시 해남군 삼촌면 송정리로 바뀌었다가, 1914년에 오늘의 지명으로 바뀌었다.

고정희 시인의 집

고정희 시인의 집 햇볕 고운 툇마루에 앉아

송정마을은 1991년 지리산 취재중에 조난사고로 생을 마감한 고정희 시인의 마을이기도 하다. 이곳에서 고등학교까지 마친 시인은 여성신문 초대 편집주간으로, 《또 하나의 문화》 창간 동인 등으로 사회 운동도 활발히 펼쳤다.

고정희 시인의 방

그가 태어난 집에는 그의 흔적이
고스란히 남아 있다. 그가 살았던 방
문을 열다 한동안 얼어붙은 것처럼
꼼짝을 못했다. 시인은 여전히 그곳
에 있었다. 햇볕 고운 툇마루에 앉아
대문 밖으로 펼쳐진 마을 앞 들판을
바라보며 봄이 오는 소리를 들었다.

고정희 시인의 친오빠 고용

시인의 친오빠인 고용 씨. 마을 사람들은 죄다 마을 역사하면 고용 씨로 통
한다. 여전히 땅과 마을과 함께 살아가고 있는 그에게서 누이의 삶과 마을 얘
기를 듣는다.

마을을 품에 안고 있는 뒷산이 암소가 누워 있는 형국으로 외손발복外孫發福터라 했는데 실제로 외손들이 득세했다고 한다.

마을 동편 언덕에는 큰 소나무가 있고 그 소나무 아래에 예쁘고 작은 붉은 벽돌 교회가 마을의 풍경을 더욱 아름답게 만들고 있다. 적송은 마을 뒷산에도 가득하다. 남쪽에서 이런 적송 보기가 쉽지 않은데 가까이 다가가면 그 멋진 자태에 더욱 감탄하게 된다.

특히 도지정 보호수인 600년 묵은 소나무는 산처럼 당당하게 마을을 품에 안고 내려다보고 있다. 어찌나 유명한 소나무인지 《삼산풍경 시가집》만 봐도 많은 시인 묵객들이 송정의 소나무를 자주 등장시켜 노래한다. 마을 이름도 이 소나무로부터 나왔다.

이 소나무

'또마니' 가지려 했던 천석꾼 이원용

특히 이 소나무는 일제 강점기 때 마을에서는 유명한 천석꾼인 소남 이원용이라는 사람의 성을 따서 '이 소나무'라 부르고 있다. 송정 인근에서는 그의 땅을 밟지 않고는 지나다닐 수 없을 정도였다는데 일제 강점기 때는 중추의까지 한 친일파로 알려져 있다.

적송이 가득한 마을 뒷산도 그의 소유였는데 그는 마을 사람들에게 신임을 얻지 못한 지주로 기억되고 있다. 천석꾼이면서도 더 많은 땅을 가져야 한다면서 만석꾼이 되려고 무진장 노력을 했던 모양이다. 그런 그를 마을 사람들은 '또마니'라 불렀다. 또 많이 가지려는 욕심쟁이라는 뜻이다. 그 또한 또마

송정마을 풍경

니라 불러 달라고 했다 하니 인간의 욕심은 끝이 없는 모양이다.

하지만 한국전쟁 전에 소작인들이 폭동을 일으키는 바람에 그의 부인과 어머니가 연이어 세상을 떴고 그의 집안은 한순간에 풍비박산이 났다. 당시 서울 시청에 다녔다는 큰아들은 죽었는지 살았는지 현재 알 수 없고 얼마 전에 큰아들의 아내가 내려와서 남아 있는 그의 땅을 모두 처분하고 뒷산에 있었던 할아버지, 할머니 묘까지 모두 파서 가져갔다고 한다. 송정마을에서 제일가는 지주였던 그의 집안은 한순간에 바람처럼 흩어졌어도 그가 살았다는 곳에는 지금도 넓은 담장이 둘러 있고, 그의 호를 붙인 '소남평'이라는 들판은 아직 남아 있다 하니, 그는 이름이라도 남긴 것인가.

그 집에 딸린 강당이었던 백송정百松亭은 마을 사람들의 글 읽는 소리가 끊이지 않은 강학 공간이었으며 마을 사람들의 놀이 공간이었다. 하지만 1960년에 백송정 건물은 철거되어 강진 박씨 집안으로 팔려나가고 현재는 주초석만 한쪽에 모여 있고 빈자리에는 잔디만 무성하게 자라고 있다. 그곳에서 마을을 내려다보니 마을 앞의 사러리 들판이 훤하고 마을과 들판을 적시며 휘돌아가는 사러리천이 길게 해창만을 향해 누워있다.

"어마어마했는디 생각흐믄 넘 아까운 집이여"

"우리 동네같이 살기 좋은 동네가 드물어. 연동이 그 첫째요, 둘째가 우리

모주감나무

송정이고, 백포가 그다음이여."

들에 나갔다 귀가하던 황상준 옹이
마을을 내려다보면서 마을 자랑을 끝
도 없이 늘어놓는다.

"요 아래에 '또마니' 집이 있었는디
사람이 안 산께 금방 주저앉아 불었어.
만석꾼이믄 뭐해, 흔적도 없어졌는디."

황상준 할배

만석꾼 이원용의 고가 옆에는 오래된 감나무가 있었다 한다. 그 감나무를
마을 사람들은 '모주감나무'라 부르는데 만석꾼의 세도가 넘어가자 그 감나
무도 덩달아 말라죽었다고 한다. 그의 세도가 인동에서 드높았을 때 마을 앞

199•

송정마을 밤하늘

을 지나는 사람 중에 말에서 내리지 않고 그냥 지나는 사람은 모두 잡아다가 그 감나무에 묶었다고 한다. 그래서 모주감나무란다.

할아버지를 따라 삼촌면 치소가 있었다는 마을 가운데로 가보았다. ㄷ자형의 안채만도 규모가 대단했다고 한다. 하지만 현재는 조립식 민가만 남아 있어 아무리 둘러보아도 치소가 있었을 만한 흔적을 찾을 수 없다. 영원할 것 같던 치소도 지난 2003년 맥없이 무너지고 오래된 사진 한 장만 남았단다. 커다란 주춧돌도 모두 현재의 집을 짓는 과정에서 땅속에 묻어 버렸다 하니 사람의 역사와 땅의 역사가 함께 가는구나 싶다.

"어마어마했는디 생각흐믄 넘 아까운 집이여. 군에서도 신경을 안 쓰니 어쩌겄어. 금방 짜그라져 불더라고."

해가 넘어가자 다시 마을이 내려다보이는 교회 위 언덕으로 올라갔다. 은빛으로 길게 누운 강물이 아름답다. 그 강둑을 걷고 있는 고정희 시인의 모습이 보이는 듯하다. 해는 금방 넘어가고 마을의 가로등이 하나둘 불을 밝힌다. 한없이 말끝을 놓지 않으려는 황상준 할아버지가 가로등 불 켜진 골목길을 걸어 댁으로 들어간다.

돌아오는 길, 벌판 가운데에서 차를 멈추고 어둔 마을을 한참이나 바라보았다. 서쪽 하늘에 샛별이 반짝이고 있었다.

4. 여전히 우리의 소리는 우렁차다
[보성 광화마을]

교통의 중심지 광화마을

광화廣花마을로 들어서니 태풍으로 크게 여울진 보성강이 우렁차게 흘러간다. 그래서 광화마을의 원래 이름은 광탄廣灘이었다. 큰 여울, 흘러가는 보성강을 보니 틀린 지명은 아닐 듯 싶은데 1960년에 광탄의 "광廣"자와 마을 뒷산 화전봉花田峰의 "화花"자를 따서 현재의 광화마을로 개칭하였다고 한다.

보성군 노동면 광곡리 광화마을은 마을 뒤로 화전봉이 있고 북쪽으로 꽃밭등이 있으며 마을 앞에 여울져 내리는 보성강과 넓고 비옥한 토지를 보고 1680년경 이천 서씨가 입향하며 마을이 형성되었다.

마을은 노동면蘆洞面의 행정중심지이지만 어느 시골 마을처럼 조용하기만 하다. 또 경전선의 간이역인 광곡역이 있는 노동면 교통의 요충지이기도 하다. 하지만 이곳은 버스보다 기차를 이용하는 것이 더 편리해서 기차역이 있는 교통의 중심지가 될 수밖에 없었던 것 같다.

광곡역이 생긴 것은 1959년 7월 15일 개통되었지만 역원무배치 간이역으로 출발하여 현재도 간이역이다. 지금은 역원도 없다. 하루에 오전, 오후 2차례 기차는 멈추지만, 기차를 이용하는 사람은 거의 없다. 원래 광곡역은 왜정 때까지만 해도 현재의 위치에 있었던 것이 아니고 인근 화전마을 오목댕이라는 곳에 있었다. 해방 후로 당시 마을의 유지였던 최봉록이라는 사람이 당시 국회의원 등과 함께 힘을 써서 현재의 광화마을로 옮겼다. 그리고 줄곧 마을 사

간이역인 광곡역

람들이 역장을 역임하며 간이역을 지켰다. 최봉록 → 정병채 → 임종채 → 서영선 → 서승복 씨까지 역대 역장이 거쳐 간 엄연한 역이었다.

광곡역 아래 다방도 있다. 하지만 '정다방' 간판은 여전한데 5년 전에 문을 닫았다고 한다. 마을의 사랑방이었던 정다방에서는 사람 사는 훈훈한 소식들이 수없이 오고 갔을 터이다. 정다방 주인은 열차표도 팔았다고 하는데 지금은 옛날 얘기다. 그분을 만나고 싶었지만 집은 문이 잠긴 채 꿈쩍하지를 않는다.

간이역으로 올라가니 풀라타너스 나무 아래에 있는 2개의 벤치가 반갑다. 많은 주민들이 이곳에 앉아 기차를 기다리고 떠나가고 돌아왔을 것이다. 그때 목포에서 순천까지 가는 기차가 들어온다. 누가 내릴까 가슴이 두근거렸지만 아무도 내리지 않는다. 열차는 아무렇지도 않다는 듯 가던 길을 떠난다. 텅 빈역에서 떠나가는 열차 뒤꽁무니를 보면서 문득 어릴 적 고향마을에 있었던 역이 생각났다. 통학 시간이면 많은 사람들이 기차를 이용했던 고향 역. 지금은 없어져 버린 역. 그 시절은 쉬 오지 않는 모양이다.

죽전 방관전이 세운 죽천정

철로 변 대나무 숲을 보니 정자가 하나 있다. 문강공 죽전 박광전 선생이 후학을 양성하고자 세웠던 죽천정竹川亭이다. 물론 원래의 건물은 없어지고 현재의 건물은 후손들이 1946년에 건립하였다. 정자에 오르니 마을 앞을 흘러가는 대내의 큰 여울 소리가 더욱 우렁차다. 광화마을 사람들은 이곳으로 자주 놀러 와 마을 잔치를 벌였다고 한다.

태풍이 와도 우리의 유대는 끈끈하다

다시 도로로 내려가 걷는다. 마치 영화 세트장 같은 분위기의 거리는 한산하기 그지없다. 예전에는 양어장이었다가 1981년 에그니스 태풍 때 유실되고 현재는 비석거리가 된 곳에는 갑계 회원들 비만 3기가 세워져 있다. 광화마을에 대한 애정과 계원들 간의 끈끈한 유대를 후대에 남기고자 세웠다는 비들은 이 마을이 없어져도 역사가 증명할 것이다.

꽃밭등 자락에 있는 면사무소 쪽으로 올라가니 마을에서 유일한 구멍가게

인 노동수퍼가

　보인다. 무턱대고 들어갔는데 마을 어르신들이 소주잔을 돌리고 있다.

　"보성까지 나가는데도 기본요금만 해도 2,000원이 넘어요. 버스는 1,100원이요. 그러니 사람들이 기차를 탈라고 흐것소? 차비가 너무 비싸요. 아, 예전에야 차비도 싸고 사람들도 많았지만 지금은 어디 사람이 있어야 타제. 비싼 차비는 내비두고라도."

마을 선술집 풍경

　광화마을에서 나서 지금껏 살고 있는 최길남 할아버지가 술잔을 돌린다. 막걸리라도 한잔 걸칠 수 있는 곳이 이 가게뿐이다.

경전선 기찻길

광곡역 전에 있는 닫힌 정다방

"옛날에야 좋았제이, 아 장평 사람들이 기차를 탈라고 주봉을 걸어서 넘어왔어요. 옛날엔 이곳이 말흐자믄 명동 같은 디여. 명동."

보성읍 용문리에서 왔다는 이철주 씨가 그때를 회상하는 듯 막장구를 친다.

"옛부터 어른들이 그랬어요. 꽃밭등 골통이 크게 될 자리라고 항상 그러셨는디 지금 봉계 면사무소가 떠억허니 생기드란 말여. 역시 어른들 틀린 말은 하나도 없어. 암."

소주 몇 잔 따라드리고 나서 마을로 들어가니 마을 회관에 할머니들이 모여 있다. 막 모를 다 심어 놓고 태풍이 온다니 바쁜 농사철에 잘 되었다 싶어 회관에 모였단다.

"글고 우리 같은 늙은이는 쓸디가 없어. 농사 짓을 심(힘)도 없응께 이렇게 모타서 놀기라도 흐요."

"아, 말도 말여. 옛날에야 요 앞 대내가상에 세 사람이 팔을 벌려야 될 만큼 큰 사장 나무가 있었지라. 얼매나 나무가 좋았다고. 그늘도 좋아서 동네 사람들이 장구 갖고 가서 치고 온종일 놀았제."

"근디, 에그니스 태풍인가가 와 갔다고는 싹 뿌랑구도 냉기도 않고 쓸어 갔부렀어라. 진짜 좋은 나무였는디."

마을 할매들

할머니들은 사진 찍는다고 하자 "쓰잘데기 없는 짓거리 말라"며 손사래를 치다가 몇 차례 말씀을 드리자 한쪽을 모타서 웃음까지 지어 준다.

다시 보성읍으로 나가는 버스를 타기 위해 역전으로 가니 어둠이 깔리는 거리는 더욱 한산하다. 하지만 태풍으로 불어난 대내의 물소리는 더욱 우렁차다. 닫힌 정다방 안에서도 주민들 모여 나누는 온갖 세상사 돌아가는 얘기 우렁차게 들린다.

5. 들판 한가운데서 천년을 버틴 당간지주
[영광 월평마을]

　바다를 끼고 있는 그곳에도 산골 마을은 있었다. 영광읍을 막 지나 고창으로 나가는 길목. 제법 넓은 들판이 있었고 그 들판을 가로질러 서울로 가는 신작로가 있었다. 그 길목 오른편 들판 가운데에 조각난 돌당간이 하늘을 찌를 듯 서 있다.

　관심을 기울이지 않으면 무심코 지나칠 수밖에 없는 당간지주다. 당간지주 옆 도로 건너편엔 탑 1기가 쓰러질 듯 서 있다. 월평탑이라 한다. 영광읍 월평리月坪里 월평月坪마을에 있는 탑이라고 해서 그렇게 부른다. 월평마을 사람들 얘기로는 그곳에 작천사라는 절이 있었다고 하는데 지금은 그 흔적을 찾을 수가 없다. 돌당간과 탑이 그나마 옛날엔 목탁소리, 경 읽는 소리가 이 들판 위에 울려 퍼졌음을 어렴풋이 증거하고 있을 뿐이다.

월평탑과 마을전경

농가 옆 우거진 잡초 너머 작은 월평탑

몇 해 전 이 탑과 당간을 처음 보았을 때
들판 가운데 농가 옆에 서 있는 그 모습이
참 인상적이었는데, 오늘 보는 그 모습도
여전하다. 오랜 친구를 만난 듯 반갑기만
하다. 작은 월평탑과 더 없이 어울린다고
생각했던 슬레이트 지붕의 담장 없는 작은
민가도 여전해서 더욱 반갑다. 하지만 집
안을 들여다보니 사람 떠난 빈집. 빈 마루
에 앉아 몇 자 단상을 끄적인다. 우거진 잡
초 너머로 월평탑만 여전하다. 하긴 그렇게
천년의 세월을 지켜왔을 터. 변하는 건 사
람뿐일 것이다.

월평탑

제법 넓은 들판을 가지고 있는 월평마을
은 말 그대로 마을의 형국이 달처럼 생겼다고 해서 붙여진 이름이다. 벌판을
바라보고 옹기종기 어깨를 맞대고 있는 월평마을은 그나마 지금까지 찾았던
산골 마을들보다 조금은 넉넉해 보인다. 마을 앞의 넓은 평야가 마을을 먹여
살리는 목숨줄일 것. 들판은 농부들의 손길이 분주하다.

70여 호 되는 제법 큰 동네이지만 마을로 들어서서 거미줄 같은 골목길을
가도 사람을 만날 수가 없다. 담장을 기웃거려도 마찬가지다. 마을 안쪽에 제
법 큰 제각도 보인다. 영광 김씨靈光金氏 시조始祖 김심언金審言이 태어난 곳으로
문중 제각이다. 자물쇠가 채워져 있어 안으로 들어갈 수가 없다.

월평마을 아이들

제각 정문 앞에 제각과 대조되는 작은 민가가 있다. 밖에서도 집 안을 볼 수 있을 정도로 담장이 낮다. 호기심이 발동한다. 집 안으로 들어가 기웃거려도 인기척이 없다. 마당가 텃밭에는 마늘이 성기게 자라고 있다. 마루에 잠깐 앉아 있다 나서려는 발길을 "누구요" 하는 목소리가 잡는다. 돌아보니 방문이 열리면서 할머니가 고개를 내민다. 할머니는 아는 사람을 만난 듯 반가워하며 손뼉까지 칠 기세다.

"쟁일 모 심고 나믄 손가락이 퉁퉁 부어"

"물 한잔 얻어 마실 수 있어요?"

"어여 들어와."

"식사 중이셨군요."

"응, 약초 뿌랭이 좀 캐왔다가 늦었어."

오후 4시도 넘은 늦은 점심을 먹는 할머니는 약초 달인 물이라며 한 컵 내놓는다.

"이 떡도 한 점 해봐. 우리 딸네가 해 온 떡인디 맛나."

"아하, 오늘이 어버이날이라고 할머니 따님이 오셨던가 봐요. 이 카네이션도 사 오셨나 봐요?"

"응, 읍네에 사는 딸인디 아칙(아침)에 사우(사위)랑 와서 달아 준 거여."

"왜, 그대로 달고 계시지 않구요."

"달아봐야 뭐, 일흐는디 귀찮기만 허제. 저 꽃은 벌써 몇 년 되았어."

냉장고 문에 붙여 놓은 빛바랜 작은 카네이션은 손주들이 사 준 것인데 몇 해째 두고 있다.

"나가 어뜨케 자석들을 키웠간디. 나가 고구마 한 개 묵을 때 자석들은 두

개, 세 개씩을 믹이문서(먹이면서) 키웠는디…"

할머니는 주섬주섬 얘기를 꺼내 놓는다. 24년 전에 영감님을 먼저 보내고 혼자 6남매를 모두 잘 키워 시집, 장가 보냈단다.

"우리 영감하고 나하고 12년을 소작했어. 우리 땅이 없응께. 진짜 죽을 동 살 동 일만 했제. 그때 생각흐믄 이가 갈려. 징글징글허게 살았제."

그렇게 돈을 모아 논 18마지기를 마련하고 직접 농지정리도 했다.

"지금이야 기계가 농지정리 다 해도 그때는 어디 그랬간디, 나가 다 해야제. 어후 말도 마."

할머니 손가락이 온전한 게 없다.

"하루쟁일(종일) 모 심고 나믄 손가락이 이렇게 퉁퉁 부어. 그래도 헐 수 없어. 또 가서 모 심어야제. 그렇게 손가락이 요 몬양이여."

손금도 사라져버린 할머니의 손이 그렇게 따뜻할 수가 없다.

할매의 평생 노동의 손

"인잔 모다 내놔 부렀어. 붙여 먹을 힘도 없는디, 갖고 있어 봐야 뭔 소양(소용)이 있겄어 …"

월평댁의 카네이션

월평리가 친정인 월평댁 할머니는 아직까지 다른 곳으로 떠나 본 적이 없었는데 촉이 나간 안방전구 하나 바꿔 끼울 힘이 없어 보름 동안을 부엌에 켜 놓은 불로 살면서 대처로 나간 자식들한테 가서 살까도 생각했다고 한다.

"이제 동네에서 가는 여행도 빠지지 말고 가서 재미있게 놀다 오시고 그러세요."

"저번에도 동네에서 이만 원씩 걷어갖고 완도 놀러갔다 왔어. 와따마, 거 영화 촬영장인가 허는디는 굉장하등마. 그그서 맛난 것도 묵고 그랬제."

"잘하셨네요."

"일주일 동안 중국도 갔다 왔어!"

"중국까지요? 많이 다니셨네요. 할머니."

"백두산도 갔어. 다른 사람들은 꼭대기에서 물 구경을 못 했다고 흐든디, 나는 봤어. 굉장흐등마."

"할머니가 착한 사람인가 봐요. 그 천지는 항상 구름에 가려 있다가 할머니 같이 착한 사람한테만 얼른 보여주고는 또 금방 가려 버린대요."

"에이."

피시 웃으며 손사래를 흔드는 할머니의 웃는 모양이 곱다.

"나가 공부헌 것은 왜정 때 아홉 살, 열 살 때 배운 것이 전부여. 그래도 난 은행 가서 카드 넣고 돈 찾을 때 비밀번호 누르라고 흐믄 눌러. 다른 사람들은 못 누른다고 허는디 말여."

할머니의 목소리가 신났다.

"근디, 뭘 그리 적어싸. 나 잡아 갈라고 그랴? 나 잘못흔 것도 없는디?"

할머니한테 사진 한 장 찍어 주십사 청을 한다. 할머니는 읍내 사는 딸이 사준 카네이션을 꽂고 밖으로 나온다.

"사진까지 찍고 진짜 날 잡아 갈란갑네."

작은 수돗가엔 흰색 붉은색 철쭉이 한창이다. 철쭉 사이에 앉은 할머니가

철쭉 사이에서 환하게 웃는 월평댁 할매

웃는다. 가슴에 꽂은 카네이션을 확인하듯 만진다.

"다음에 또 놀러 와."

할머니는 내 얼굴까지 쓰다듬는다. 까칠한 손길에 담긴 정이 보드랍다.

골목에 사람들 두런거리는 소리에 할머니가 먼저 대문을 나선다. 마을 할머니들의 웃음소리가 한데 모아진다.

마을회관 옥상에 올라 마을을 내려다본다. 영광 김씨 제각이 그 중 눈에 띈다.

할머니의 작은 집이 보인다. 그새 집에 들어간 할머니가 텃밭 마늘밭에서 마늘종을 뽑고 있다.

월평마을 할매들

▶ 글을 마치며

골골샅샅 더트고 다닌 10년의 행복

언제 『전라도닷컴』을 만났을까. 가만 생각해보면 10
여 년이 다 된 것 같습니다. 그해 여름 한바탕 비가 쏟
아지고 난 오후였어요. 화순 동복면 연둔리 둔동마을
에 있는 숲정이였습니다. 『전라도닷컴』이라는 글자가
선명히 써진 지프차가 숲속에 있었어요.

취재 나온 기자는 임정희·모철홍 기자였습니다. 처음
만났지만 전부터 익히 알고 있었던 친구처럼 스스럼없
이 많은 얘길 나누었어요. 그게 『전라도닷컴』과 첫 인
연이었고, 그러다 '산골 마을 이야기'라는 이름으로 연
재를 시작하게 되었지요.

폭설의 밤, 정든 차를 폐차해야 했던 사고

첫 '산골 마을 이야기'는 화순 이서면 야사리였습니다. 지금도 변함없이 참 부지런한 마을이지요. 농한기에도 놀지 않고 엿이나 한과를 만들어 파는 동네입니다. 전 언제든 이 마을에서 이무롭게 밥을 얻어먹을 수 있을 정도로 주민들과 가깝게 지내고 있답니다.

'산골 마을 이야기'를 쓰면서 참으로 많은 산골마을을 다녔습니다. 『전라도 닷컴』이 아니었다면 언제 이 마을을 다 다닐 수 있었겠습니까. 생각하면 난 참으로 행복한 놈이구나 싶습니다. 남들은 사서 고생한다고 했지만 나는 산골 마을을 찾아다니는 것이 참으로 즐거웠습니다.

직장 때문에 평일에는 취재가 어려우니 주말이나 휴일에 취재하러 다녀야 했지요. 취재를 마치고 집으로 돌아오는 길은 어김없이 깜깜한 밤이었고요. 하지만 돌아오면서 느끼는 그 충임감은 참으로 기분 좋은 것이었지요. 그 기분은 다른 어떤 재미와도 바꿀 수 없을 겁니다.

산골 마을을 찾아다녔던 지난 10여 년 동안 당혹스러운 일을 겪은 적도 많았지요. 취재하러 갔다가 도랑에 차가 빠지는 바람에 렉커차를 부른 경우야 허다했습니다. 렉커차마저 빠져 또 다른 렉커차가 온 경우도 있었지요.

무엇보다 날씨 때문에 당한 어려움이 컸습니다. 기억나는 마을이 있어요. 순창 복흥면 서마리 하마마을에 갔을 때 일입니다. 그날은 날씨가 지독히도 추웠습니다. 손이 꽁꽁 얼어 카메라 셔터를 누를 수 없을 지경이었고 볼펜으로 메모하는 건 더더욱 어려웠어요.

오죽했으면 마을 어르신이 날씨가 사나우니 자고 가라고 붙들었을까요. 그래도 어쩔 수 없이 고개를 넘어야 했습니다. 얼마나 추웠던지 카메라 삼발이를 접기도 힘들었지요. 눈이 녹지 않은 추령고개를 넘는데 겁이 왈칵 나더군요. 잔뜩 긴장하고 겨우겨우 엉금엉금 고개를 넘었는데 어찌나 긴장했던지 고개를 다 넘고는 한동안 일어설 수도 없을 지경이었습니다.

장흥 회진면 진목마을에 갔던 일도 생각납니다. 취재를 마치고 집을 나서는데 함박눈이 쏟아지기 시작했습니다. 그 집 아재가 자고 가라며 기어이 이부자리를 펴주실 정도였지요. 다음날 출근만 아니라면 아마 그 집에서 하룻밤 신세를 졌을 겁니다. 하지만 돌아와야만 했어요.

쏟아지는 눈발을 뚫고 장흥과 화순의 접경 고개인 곰치까지 무사히 왔고 고개도 무사히 넘었습니다. 그런데 아뿔싸, 곰치 고개를 다 넘었다는 안도감 때문에 나도 모르게 긴장을 풀었던지 차가 미끄러지고 말았어요. 가로수와 도로 난간, 다리 난간을 몇 차례 들이박았기 때문에 차는 순식간에 완전히 박살이 났습니다.

그런데 이 무슨 직업정신일까요. 그 순간에도 제일 먼저 챙긴 것이 카메라 가방이었어요. 렉커차를 불렀지만 이런 폭설에는 못 간다고 하더군요. 수차례 전화를 거듭해 통사정을 한 끝에 렉커차가 오기로 했습니다.

엉망으로 부서진 차 안에서 추위에 덜덜 떨며 기다리던 그 순간을 평생 잊을 수 없을 것입니다. 폭설 속에 렉커차가 불을 밝히고 다가오던 장면은 제겐 어떤 영화보다 감동적인 장면이었습니다. 참으로 긴 폭설의 밤이었습니다. 다음날 정든 내 차는 폐차의 운명을 맞았습니다. 카센터 주인이 고치느니 차라리 새 차를 사는 게 좋겠다고 하더군요.

허물없이 밥상에 불러들이던 어르신들의 인정

그 길에서 참으로 많은 사람들을 만났습니다. 이 땅 곳곳의 할아버지 할머니들을 만났습니다. 마을의 어르신들은 한결같이 처음 보는 나를 따뜻하게 반겨주셨습니다. 끼니때면 허물없이 불러들여 밥상의 한 자리에 앉혀 놓고 수저를 쥐여 주셨습니다. 그 정들을 두고두고 잊을 수가 없습니다.

곡성 입면 제월리에 있는 군지촌은 청송 심씨 집성촌입니다. 같은 청송 심씨라서 더욱 대접 받은 마을이었습니다. 마을에 있는 군지촌정사를 홀로 지키는 할머니는 끼니를 놓친 사람을 그냥 굶겨 보낼 순 없다면서 늦은 점심을 차리겠노라고 부엌으로 들어가셨습니다.

정지문 안쪽에선 이내 달그닥 달그닥 밥상을 준비하는 소리가 났습니다. 저는 햇빛 잘 드는 마루에 앉아 그 소리를 듣고 있던 시간, 미안함과 포근함을 한데 온몸으로 느끼던 그 시간을 잊을 수 없을 것 같습니다. 그 할머니는 지금도 안녕하신지… 꼭 다시 한번 찾아뵙겠다고 했는데 말입니다. 날이 풀리면 일부러라도 찾아봬야겠습니다.

원고를 쓰는 동안 참으로 행복했습니다. 앞으로도 전라도 사람들의 삶은 저 강물처럼 계속될 것입니다. 그리고 그들의 삶의 흔적과 이 땅의 역사를 찾고 연구하는 저의 일 역시 그치지 않을 것입니다.

발행일   2022년 11월 30일
저 자   심홍섭
편 집   김정현, 김정우
디자인   상상창작소 봄
펴낸이   김정현
펴낸곳   상상창작소 봄
        등록 | 2013년 3월 5일 제2013-000003호
        주소 | 62260 광주광역시 광산구 월계로 117-32, 상가 1동 204호
        전화 | 062) 972-3234 FAX | 062) 972-3264
        이메일 | sangsangbom@hanmail.net
        페이스북 | facebook.com/sangsangbom
        인스타그램 | @sangsangbom
ISBN 979-11-88297-69-6 03090